L'Histoire de l'Elysée

エリゼ宮物語

山口昌子
Yamaguchi
Shoko

産經新聞社

エリゼ宮の正門

正面玄関にある
200本の旗で成る彫刻
「フランス共和国への敬意」

2005年3月、
シラク前大統領夫人が
エリゼ宮を案内してくれた

サンルームになっている
「冬の間」は「祝祭の間」
の隣にある

2007年7月14日
（革命記念日）、
招待客で賑わうエリゼ宮
最大の間「祝祭の間」

エリゼ宮の
"食"を一手に担う台所

使い込まれた数々の
銅鍋が並ぶ

エリゼ宮物語

装丁―――川上成夫
装画―――朝倉めぐみ
本文デザイン―――CGS

エリゼ宮物語

目次

Chapitre 1
エリゼ宮の誕生

家族も集う叙勲式　26
興味深い拒否リスト　28
絶対共和制の王朝　31
権力を秘める伝統　33
燃えさかる野心　36
かわいい金の延べ棒　38
極楽浄土の大通り　41
金と名誉の争奪戦　44
寂しい最長記録　47
漂う香水のかおり　49
高級商店街のルーツ　51
王の娼婦の家　54
悪名高き夫人の実像　56
女の天国、男の煉獄　58
貴族階級になった美女　62
寵姫は才人を好んだ　66

はじめに　8
序文　11

Chapitre 2
各部屋に遺る歴史の面影
革命から帝政へ

雄鶏館の管理人　70
隠し子事件　73
ポンパドールの間　76
「金の間」の大統領　79
権力の喜劇　82
個性光る大統領夫人　85
パーティーは語る　92
飾られた縄文式土器　95
家具はすべて略奪　98
人気のダンスホールに　100
「食事付きの私室」あり　103
詩人ヴィニーも借家人　105
ナポレオン義弟の館に　107
カロリーヌの野望　110
皇帝ナポレオン入居　112
「行動の詩人」　114
「人気とは何か」　117
英雄か征服者か　119

200周年の明と暗　122
勝利で獲得する平和　125
永遠の英雄　127
「わが健康の館」　130
百日天下の日々　132
ナポレオン退位に署名　134
ナポレオン毒殺説　137

Chapitre 3
王政復古から共和制へ

ルイ18世の王政復古　142
ベリー公暗殺　144
凡王シャルル10世　146
七月革命　148
極右の系譜　151
最後の「フランス王」　153
ユゴーの嘆き　155
革命の「赤と黒」　158
二月革命　161
ルイ・ナポレオン登場　163
ボナパルトの幻影　165
貧相な晩餐会　168
途方に暮れた大統領　170
快適な館に　173
クーデター　175

皇帝の結婚　178
豪華と気品　180
大統領の報道官　182
逢い引き用の地下道　184
第二帝政の崩壊　187
あらゆる政府形態　189
パリ・コミューン　191
血に染まるセーヌ川　194

Chapitre 4
共和制の確立
第三共和制から第五共和制

偶然と国家の大事　198
生粋の軍人大統領　200
王党派のたくらみ　203
偉大なフランスを誇示　205
晩餐会のあとは空腹　208
革命記念日が祝祭日に　210
公職につく親族　213
首相就任を拒否　215
燕尾服が公式服に　217
ブーランジェの最期　220
凶刃に倒れた大統領　222
われ弾劾す　225
国境の町に生まれ　227
100年後の名誉回復　230
ドレフュス事件の影　232
大統領の「過労死」　235
貞奴パリで喝采　237
パリ万博の栄光　240

ロシアとの縁　242
ドイツの圧力　245
モロッコ制圧　247
ポアンカレへの期待　250
私生活は問わず　253
サラエボの銃声　255
歴史的建造物に　258
苦い戦後処理　260
狂気の時代　263
浮かれ　266
暗殺、再び　268
秀才大統領の欠陥　270
迫るドイツの軍靴　273
第三共和制の光と影　275
ヴィシー政府　278
共和国の行方　280

おわりに　288

参考文献　290

はじめに

本書は二〇〇六年六月二十二日から十月二日まで一〇〇回にわたって産経新聞に連載した「エリゼ宮物語」に加筆したものである。連載時点では未定だったエリゼ宮（仏大統領府）の新たな住人、ニコラ・サルコジ大統領に関する記述を「序文」として付け加えたほか、新大統領誕生に伴う部分を中心に多少、加筆した。

エリゼ宮に興味を持ちはじめたのは、パリ支局長としてパリに赴任して数年後、約10年を超える。内外の記者にとって、エリゼ宮はフランスの内政、外交の取材拠点であるからだ。大統領はもとより、シラク前政権時代まで、報道官もことあるごとにエリゼ宮で記者会見を開くので、記者たちにとって、エリゼ宮は、実は、なじみの場所である。

特にエリゼ宮最大の間「祝祭の間」は大統領が各国の首脳との首脳会談後の記者会見や7月14日の革命記念日のガーデン・パーティー、新年の賀状交換会などのおりに使われており、記者たちが頻繁に出入りする場所である。エリゼ宮に隣接するエリゼ通りの別館にはシラク前大統領時代には外交顧問、モーリス・グールドモンターニュ氏（元駐日フランス大使）らの事務室があり、現在のサルコジ大統領のダビッド・マルティノン報道官も週1回、大統領の日程などを発表する会見室がある。エリゼ通りとエリゼ宮を挟んで反対側にあるマリニー大通りにある迎賓館の一部が報道官の記者会見場に使われることもある。

というわけで、あまり取材に訪れる機会のない首相府に比べると、エリゼ宮は外務省や国防省

と並ぶ重要な取材拠点になっている。

エリゼ宮が首相府に比べて取材拠点、特に外国人特派員にとって拠点となっているのは、第五共和制の憲法（1958年制定）で外交と国防は大統領の専管事項になっているからだ。湾岸危機から湾岸戦争参戦に至るまで、当時のミッテラン大統領が9回の記者会見をエリゼ宮で開いたことからもこのことが伺える。

アルジェリア戦争中に規定された憲法の第16条には大統領の「緊急措置権」として、「共和国の制度、国家の独立、その領土の一体性またはその国際的取り決めの執行が重大かつ直接に脅かされ、かつ、憲法上の公権力の正常な運営が中断されるときは、共和国大統領は、首相、両院議長ならびに憲法評議会への公式の諮問ののち、それらの事態によって必要とされる措置を取る」とされ、一種の「独裁権」が与えられている。エリゼ宮は権力の拠点でもある。

それにしても、なんと古めかしい建物であることか。歴代の住人はルイ15世の愛人、ポンパドール侯爵夫人やナポレオン1世やロマン派の詩人、アルフレッド・ド・ヴィニーもいる。フランス革命（1789年）の70年余りも前に建てられたこの権力の象徴は、いわば老大国フランスの象徴でもある。

王政から革命、帝政、王政復古、そして共和制とめまぐるしく変わった約300年のエリゼ宮の歴史と代々の住人を紐解くことで、まがりなりにも大国の地位を保ち、しかも超大国米国にも、“ものいうフランス”の権力のよりどころを探り、同様に長い歴史を持ちながら、ほぼ両極端にいる日本との相違を探ってみたいというのが、本書執筆の動機である。

序文

「この日、私は正式にフランス共和国大統領の職務に就任し、フランス、この多くの試練を経てそのたびに再起し、そのたびにあらゆる人たちのために発言してきたこの老国のことを考えている。私は今日から、そのような国を象徴するという重い任務に就くことになった」

2007年5月16日、エリゼ宮最大の広間、「祝祭の間」での就任式でフランス第五共和制6人目の大統領に就任したニコラ・サルコジはこう述べて、任務の重さを強調した。5月6日の大統領選の決戦投票で、右派政党・国民運動団体（UMP）の公認候補、サルコジの得票率は53・06％。対立候補の社会党の公認候補、セゴレーヌ・ロワイヤルの46・94％を大差で引き離す圧勝だった。

当選翌日からセシリア夫人と末の10歳の息子ルイを伴って、地中海の島国、マルタで休養を取るという、バカンス大国フランスでも批判があった異例の自己流の「当選祝」によって、真っ黒に日焼けした新大統領の外見は、選挙戦中に「過去との断絶」を標榜したサルコジ時代の到来を否応なく内外に知らせた。

1955年1月28日、パリ生まれの52歳の働き盛り。フランスでは第二次大戦後生まれの初の大統領でもある。同年のフランスの新生児数は約85万人。1945年比で約3倍のベビー・ブーム世代だ。74歳の前任者のジャック・シラクとは父子ほどの年齢の隔たりがある若い大統領の就任は、それだけで、この日の曇り空を吹き飛ばしかねない勢いがみられた。

　この日、午前11時にエリゼ宮に到着したサルコジは正面玄関前に敷かれた赤絨毯（じゅうたん）を踏んで、玄関で出迎えたシラクとともにシラクの執務室に入った。核ボタンのコード番号など国家機密を含む国家元首としての重要任務の引き継ぎを終えると、シラクを正面玄関まで見送った。エリゼ宮の住人としての権限移譲式を終えた後、「祝祭の間」で、ジャンルイ・ドブレ憲法評議会議長から大統領選結果の報告を正式に受け、大統領に就任した。同時に歴代大統領が受章するレジョン・ドヌール勲章の最高位、グラン・クロワ章を授与された。

　サルコジがシラクとの引き継ぎを行っている間、式典に招待されたサルコジの家族や友人、知人らは広間で待機していた。ルイは背広にネクタイという慣れぬ服装ということもあり、退屈をもてあましていたが、少年らしい好奇心もあり、展示されていた金色にめっきをした銀製のこの勲章に触ろうとして、あわてて兄に注意された。ルイの2人の兄はサ

ルコジが最初の結婚でもうけ、2人の姉はサルコジの妻、セシリアが最初の結婚でもうけた子供だ。

セシリアがこの日、プラダの光沢のあるアイボリー色のドレスに身を包み、5人の子供を引き連れて、真紅の絨毯（じゅうたん）の上を颯爽と歩いたとき、エリゼ宮に陣取った報道陣や職員、それに生中継のテレビの画面を見ていた約2000万人の視聴者は、この「再建家族」の登場にも、新時代の到来を実感したはずだ。フランスでは、それぞれが子供を連れての再婚同士という「再建家族」は珍しくないが、大統領夫妻となると、さすがに初めてだ。その点でもサルコジ夫妻は現代を象徴しているといえそうだ。

新大統領の演説は次いで、「フランスを2度までも救済したドゴール将軍」から始まり、第五共和制の全前任者たちに言及した。「それぞれのやり方でフランスの現代化の準備を進めたジョルジュ・ポンピドーとヴァレリー・ジスカールデスタン」、「フランス共和国がフランス人全員のものであることを必要としたときに制度を保持し、政権交替を具現したフランソワ・ミッテラン」、「12年間、平和のために働き、世界にフランスの普遍的価値を光り輝かせたジャック・シラク」——。

サルコジの演説草稿は、選挙戦の後半で、真のドゴール主義者で、「博識」で知られるアンリ・グエノが主として担当するようになった。グエノは母親が家政婦という下層階級の

出身だが、学業優秀でエリート校、パリ政治学院に学んだ。シラクが1988年にフランソワ・ミッテランと対決した時の大統領選では、シラクの演説執筆陣の一員になったが、その時の敗戦の経験も生かされ、格調と具体性を強調したスタイルを確立したといわれる。サルコジは演説の冒頭で、「フランス」への思慕と敬愛の思いを強調したが、そこにはフランス初の移民2世の大統領という万感の思いも込められていたはずだ。

サルコジの父親ポールはハンガリーの貴族だ。だから、サルコジの正式名には貴族の称号である「ド」が付き、フランス版紳士録でも、「ニコラ・サルコジ・ド・ナギィボクサ」と長い名前が記載されている。

父親の家系は16世紀まで遡ることができるが、貴族の称号を与えられたのは1628年だ。トルコの侵略と戦った武勲により、オーストリアの皇帝でかつハンガリーの国王、神聖ローマ皇帝フェルディナント2世からサルコジ一族の当主に授与された。今もハンガリー中部、ブダペスト近郊ソルノクにはサルコジ一族の墓がある。

サルコジは背丈も低く、「中小企業のおっさん風」と評する日本人もいるほど貴族らしからない。その点、外相、首相時代に、サルコジ追い落としに熱中したドミニク・ドビルパンは長身、エレガントな外見で、「ド」がつく名前にふさわしいが、こちらは何代か前に称号を買い取ったといわれている。

ポールは第二次大戦後、ソ連圏となった祖国からの脱出を決意し、1947年末にまずオーストリアのザルツブルクに到着。そこでフランスの外人部隊の募集広告を見て入隊した。ポールの父親は共産主義に絶望して息子の亡命前に50代で死亡したが、母親は当局の追及を逃れるため、息子は「バラトン湖（ハンガリー西部にある中部ヨーロッパ最大の湖）で溺死した」と届け出た。

ポールは独立前の仏領アルジェリアにあった外人部隊の訓練所に入隊したが、「この体ではとても外人部隊の訓練にはついていけない」との配属先のハンガリー人医師の"忠告"もあり、除隊。ほとんど無一文で1948年12月にパリに到着した。

過酷な外人部隊の訓練は務まらなかったポールだが、2つの才能があった。1つはハンサムで長身という外見の良さ。サルコジは若いころ、いや、きっと今も、この父親の外見に似なかったことを恨んでいるかもしれない。2つ目はデッサンの才能と、この才能をうまく使うことのできる一種の商才だ。この2つの才能をいかんなく発揮して魅了したのが、評判の良い外科の開業医マラーの娘、つまりサルコジの母親、アンドレ、通称ダデュだ。

マラーはギリシャから移民したユダヤ系フランス人だ。第二次大戦中はナチの収容所送りから逃れるため占領区のパリから仏中部に移転し、レジスタンスの闘士たちの負傷などの治療に当たったドゴール主義者だ。当然ながら、娘とこの風来坊同然の男との結婚には当

初、猛反対したが、結局、可愛い娘の希望を適えることにした。それに娘の相手が当時、ドゴール主義と二分する勢力だった共産主義の虜でないことだけは確かだったことも許可した理由かもしれない。結婚にあたり、ポールはフランス国籍を取得した。

しかし、ダデュは次男のサルコジが大成功したが、女性のうわさも絶えなかったので、決然と実家に戻った。魅力的な夫は広告業で大成功したが、女性のうわさも絶えなかったからだ。ポールは生涯で4度も結婚したが、サルコジが大統領選に勝利した当夜、元妻とともにパリ8区のUMP本部にやってきた。エリゼ宮の就任式にも2人はそろって出席した。

ダデュは離婚後、弁護士の資格を取得して3人の息子を育てた。長男は一時、フランス版経団連MEDEFの会長候補になった実業家で、三男は医師だ。ポールは十分な余裕があったにもかかわらず、養育費などはいっさい、入れなかったので、サルコジは若いころは父親を非難していたといわれる。しかし、兄弟は裕福な祖父のおかげもあり、パリ17区の富裕階級の行く私立の学校で初等教育を受けたが、父母が離婚している家庭はクラスで彼らだけだったという。

妻のセシリアも移民2世だ。父親はルーマニア系フランス人の裕福な毛皮商。母親の父親、つまり祖父はスペイン人でベルギーなどの大使を歴任。曽祖父はスペインの代表的作曲家、イサック・アルベニスだ。就任式では、サルコジが「祝祭の間」に登場したとき、

エリゼ宮の軍楽隊によってアルベニスの室内曲が演奏された。セシリアは、「私の血に一滴もフランス人の血が流れていないことを誇る」と、挑戦的な言葉を吐き、自尊心が強烈なフランス人の一部からは反感を買った。

フランス学士院会員の歴史学者で自身もイタリア系移民2世のマックス・ガロは、反サルコジの底流には、主義主張とは別に、「ハンガリー移民2世で、母方の祖父もユダヤ系」という一種の「外人嫌い」があると指摘していた。米国でなら賞賛される成功物語が、老大国フランスでは野心家、成り上がり者として嫌われる、というわけだ。一方でサルコジが就任前のマルタ島でのバカンスに次いで、大統領としての最初の夏期バカンスを米国の豪華ヴィラで過ごしたのも、「成功すれば自分のように移民2世でも豪華休暇を過ごせる」という強いメッセージだったかもしれない。ただ、「国家元首」として、「外国での豪華休暇」が良き手本だったのかどうか。

選挙戦では、社会党はもとより、個人攻撃に近い「サルコジ以外ならすべて（TSS）」との激しいネガティブ・キャンペーンが展開された。大統領選の選挙戦では極めて珍しいことだが、背の低さや耳の形を強調した身体的なものまで含めた反サルコジ・キャンペーンに、さすが強気のサルコジも、「なぜ、かくも嫌われるか」と嘆いたほどだ。

反サルコジ陣営では、「サルコジは危険だ」「警察国家になる」というのも、合い言葉だ

った。サルコジが内相時代（二〇〇二〜〇四年、〇五〜〇七年）に厳しい取り締まりを行ったからだ。〇五年秋の「パリ炎上」と世界中から注目されたパリ郊外に端を発した大都市郊外のアフリカ系やアラブ系の移民の若者たちによる暴動事件では、サルコジ語録として、「人間のクズ」「強力放水」が流布された。

この語録には多少の修正が必要だ。多数の車や学校、体育館などが放火されたパリ郊外を視察したサルコジに対し、住民のアフリカ系移民の女性が、「あの"人間のクズ"をなんとかしてください」と訴えた。これに、サルコジが、「マダム、あの"人間のクズ"をなんとかしましょう」と公約したのだが、前後のやりとりを聞いていなかったフランスのメディアが、「人間のクズ」の部分だけ報道したために、騒ぎが大きくなった。

弁護士出身で、シラクやドビルパン、社会党の幹部などレトリックを駆使したエリート校の国立行政院（ENA）出身者と異なり、歯に衣着せぬ発言の多いサルコジならいかにも言いそうだという背景もある。「人間のクズ」発言の前に、「強力放水（で一掃する）」の発言もあったからだ。

こちらは、やはりパリ郊外の犯罪多発地区で、犯罪グループ同士の抗争で乱射された流れ弾に当たって少年が死亡した事件で、サルコジが犠牲者の両親を見舞ったときに、飛び出した言葉だ。サルコジは選挙戦最後のパリ・ベルシーで開かれた集会では、「強力放水」

の言葉を後悔していない、と言い切った。選挙演説でも何回となく、「マジョリテ・シランシューズ（声なき多数の声）」を指摘。反暴力、反犯罪の国民が多数を占めると述べていたが、確かに、予想以上の得票率の高さは、乱暴な表現ながら、これらの言葉に共感を覚え、治安回復をサルコジに託した国民が多かったからといえよう。

サルコジが選挙戦で掲げた「過去との決別」には、また、戦後、左右の党派を超えて経済政策の要としてきた福祉重視の「社会モデル」政策もある。戦後の崩壊した社会と経済の再建には国家を中心に据えた福祉政策は必要条件だったが、グローバル化や欧州統合が進む中、競争力にもう少し、重心を移す必要があると、フランス国民の誰もが肌身で感じていたはずだ。

選挙戦中の「北駅事件」は、この「社会モデル」型のフランス社会の縮図ともいえる。パリの北駅はロンドンやブリュッセル行きの仏版新幹線TGVを含む北方面への列車の発着駅であると同時に、パリ郊外からの高速地下鉄（RER）やパリ市内の地下鉄（RATP）も乗り入れている。ここで大統領選を2カ月後に控えた3月末に、若者と治安警察が衝突、9人が逮捕された事件が発生した。

事件の発端は無賃乗車のアフリカ系の男性が検札を行おうとしたRATPの職員2人を中殴るなどの暴行で反撃。これに同駅にたむろしていたアフリカ系など郊外出身の若者を中

心に数時間後には数百人が加勢。これに対し、同駅でのテロ警戒で待機中の治安警察約百人が応戦するという騒動になった。

この無賃乗車の男性は10歳のころ、両親とともにコンゴからパリ郊外に移住。早々に不登校になり、軽犯罪者グループに仲間入りしてスリや置き引き、ピストルやナイフの不法所持や暴力行為で過去22回も警察の世話になっていた。事件の翌日、偶然、北駅リールでの遊説のため、北駅にやってきたサルコジには、通行人の一部から「挑発者、ファシスト」などのヤジが飛んだが、サルコジは、「私は不正者や挑発者、不正直者の側ではなく、切符の料金を支払う者の側に立つ」と正論を吐き、支持率を伸ばした。

正論への共感もさることながら、この無銭乗車の男性が32歳でとが判明したこともサルコジ支持率の上昇要因となったはずだ。「エレミスト」はフランスの典型的な福祉政策「RMI」（社会復帰最低保障）の受給者を指す。主として一度も職に就いたことがなく、従って失業保険の対象にならない人たちを対象にしたこの制度は1988年のミッテラン社会党政権時代に始まった。

「エレミスト」は2007年1月現在で約130万人に上る（フランスの人口は約6000万人で就業者は約4000万人）。1カ月の支給額は独身者なら約388ユーロ、カップルの場合は約661ユーロ。カップルで子供2人の場合は約926ユーロになる。「エレミ

スト」の場合には必然的に住宅手当や育児手当などがつくから、一律最低保障賃金（SMIC）の約1200ユーロより多くなる場合もある。診察料も薬代も無料で、所得税も勿論、なしだ。自治体によっては「エレミスト」や低額所得者や失業者に対して約50の手当てがあるところもある。つまり、毎日、せっせと働き、社会保障制度（年金や健康保険を含む）の高額な負担金を支払い、所得税を支払っている人からみれば、この不公平感は大きい。いったい、自分たちは、「エレミスト」を支援するために働いているのか、ということになる。こうした国民の心理をうまく突いたのが、「エレミスト」を「自転車に乗った潜水夫」と非難した極右のジャンマリ・ルペンだ。自転車に必要のない潜水服や潜水マスクをつけたため、走れないどころか落車してしまうとの比喩だ。

もっともサルコジは、いきなり米国並みの激しい自由競争を経済の基盤にした「自由モデル」を実現しようとしているわけではない。英国のブレア前首相が提唱した社会主義と自由主義の中間、「第三の道」的な改革だ。大統領として初の出席となった6月末のEU首脳会議では、フランスとオランダの批准否決で死文化した欧州憲法に代わって、サルコジがかねてから提案していた「簡略化された条文」で合意することに成功した。フランスをはじめ欧州大陸の伝統である福祉重視の精神を頭から否定しているわけではないからだ。

サルコジは就任演説で、「フランスへの奉仕に陣営はない、というのが私の信念だ。自分たちの国を愛する人たちの良き意思のみしかないし、総合的利益の情熱に突き動かされている者の能力、アイデア、信念のみしかない」と指摘。さらに、「フランスに奉仕したい全ての人に言いたい。私はかれらとともに働く用意があるし、かれらの信念を否定することも要請しない」と述べ、社会党など野党からの入閣などを表明した。

そして、首相には側近のフランソワ・フィヨンを任命したが、指名権のある閣僚に関しては、社会党でノーベル平和賞を受賞した「国境なき医師団」の共同創立者でコソボ国連事務総長特別代表のベルナール・クシュネルを外相に任命するなどの「開放人事」を断行した。アルジェリア出身の移民2世で貧困、犯罪地区のイメージが強い「バンリュ（郊外）」育ちの検事、ラシダ・ラチを法相に任命した「開放人事」は、ENA出身の幹部を占めている社会党政権では、とても実現不可能だったはずだ。

就任式が終わると、慣例により儀じょう隊とともにオープンカーでシャンゼリゼ大通りを凱旋門まで行進し、無名戦士の墓に花輪を添えた。同日午後にはパリ郊外ブローニュの森を訪ね、17歳で銃殺されたレジスタンスの闘士、ギ・モレの記念碑の前で演説。地元中学生が朗読したこの勇気ある青年が母親に書き送った最後の手紙を、「教科書に採用するように教育相に指令するのが大統領としての初仕事である」と述べ、有言実行の政権を目指

すことを示した。同夕にはベルリンに飛び、ＥＵ議長国のドイツのメルケル首相と欧州憲法問題などを協議、夜半にパリに戻るという長い就任第１日を終えた。

Chapitre 1
エリゼ宮の誕生

家族も集う叙勲式

2006年6月2日。パリの空は晴れわたり、初夏のさわやかな風に乗って、散り始めたマロニエの花の香りが、ほのかに漂った。日光に乏しい陰鬱な長い冬と短かった春が突然終わり、パリは朝から強い陽光に満たされていた。

午前10時45分。シャンゼリゼ大通りに近いフランス共和国大統領府、別称「エリゼ宮」にはフランスで最も栄誉ある勲章レジョン・ドヌールの授章式に臨む12組の家族や友人、知人らが大挙してやってきた。受章者の大半は一生に一度かもしれないエリゼ宮訪問の機会を家族や友人、知人たちと分かち合おうというわけだ。

国立大学学長や、セーヌ川にかかるパリで一番古い橋ポンヌフの財団基金会計責任者ら、受章者の中には孫の乳児を乳母車に乗せてやってきた人もいれば、晴れ着姿の少女や少年など孫全員を連れてきた人もいる。レジョン・ドヌール章の赤い略章を付けた柔道の金メダリスト、ダビッド・ドイエやシャンソン歌手のシャルル・アズナブールは長年の友人の叙勲を祝うために駆けつけたせいか、「写真はダメ」と、この日は一市民としての出席を強調した。

午前11時。エリゼ宮で最大の「祝祭の間」では、約100人がきらめくシャンデリアの下、赤いビロードの重厚なカーテンをバックにすでに記念写真に興じたり、お祝いを言い合ったりとにぎやかだ。「ミッテラン（前大統領）の時は40分も（式典開始が）遅れた」と、訳知り顔につぶやく中年男性の胸にも赤い略章がみえる。

燕尾服姿の執達吏が、「フランス共和国大統領閣下の登場」と厳かに告げると、会場は緊張と期待で一瞬、静まりかえった。第五共和制5人目の大統領ジャック・シラクがいつものように左右に笑顔を向けながら足早に登場した。

この瞬間、選挙権のある出席者の全員が多分、シラクが来春の大統領選に出馬したら、彼に投票しようと思ったはずだ。叙勲の感謝の気持ちもさることながら、シラクは親近感にあふれて魅力的だった。フランス人がよく問題にする共和国大統領としての「スタテュール（器）」も備えているようにみえた。

長身でハンサム。若いころ、高すぎて野心満々の象徴のようにみえた鼻も年とともに鋭さが影を潜めた。昨年秋、復活祭に続く5月の連休で十分に休養したせいか、日に焼けた健康そうな顔である。72歳の高齢でもあり、「小規模な偶発的症候」で1週間入院した。

「シラク出馬を希望する国民1％」という世論調査の結果が出たが、それがうそのようだ。

最初に名前を呼ばれたのは最高位グラン・クロワ（1等勲章）の受章者シモーヌ・ロゼ

Chapitre 1　エリゼ宮の誕生

破毀院(はき)（日本の最高裁相当）名誉第一裁判長だ。
「貴殿は女性として初めて名誉ある職を務め、フランス共和国のために貢献し……」
勲章を授与するシラク自身の胸にも、むろんグラン・クロワの略章が輝いていた。

興味深い拒否リスト

　フランスの栄典制度の華といえるレジョン・ドヌールは1802年5月20日、ナポレオン・ボナパルトが制定した。1789年のフランス革命で廃止された王朝時代の栄典制度に代わる制度という点では共和制の象徴でもある。
　共和国大統領には就任時に、それまでに授与されていない場合は最高位のグラン・クロワが授与されると同時に、就任式では賞勲局総裁からレジョン・ドヌール勲章の最高指令者に指名され、16個の金の飾環つきの首飾り勲章を授与される。従って、レジョン・ドヌール勲章はフランス国家の権力の頂点に立つ大統領の威光の象徴でもある。
　ナポレオン・ボナパルトもエリゼ宮の住人だったことを考えると、エリゼ宮とこの勲章は切っても切れない関係にもある。

第五共和制の初代大統領ドゴール将軍と2代目のジョルジュ・ポンピドーまでは、各官庁や市庁舎などに掲げられる大統領の公式写真は、この首飾り勲章付きだ。

だが、大統領が陸海空3軍の長を兼務するとはいえ、あまりにも大げさな首飾りは、「若さと現代」性を売り物にした3代目のジスカールデスタンの公式写真からは消えた。社会党出身初の大統領だった4代目フランソワ・ミッテランもシラクも背広姿に略章だ。

レジョン・ドヌールの2006年現存の受章者数は約11万3800人（1999年調査）で民間人が約3分の1。最下位のシュバリエ章（5等）が約10万人。オフィシエ章（4等）が約1万人。コマンドゥール章（3等）が約1250人、グラン・オフィシエ章（2等）が約250人、最高位のグラン・クロワ章（1等）が75人だ。女性の受章者は約10％を占める。

基本的には個人が対象だが、国家や都市、グラン・ゼコール（大学校）、国有企業やさらに駐仏大使など外国人も対象になる。都市68のうち4つはスターリングラード（現ボルゴグラード）など外国都市だ。学校ではナポレオンの創設した秀才校ポリテクニック（理工科学校）らと並んで米国の陸軍士官学校ウエスト・ポイントも名を連ねている。

日本同様、フランス人の受章対象も首相、閣僚経験者や公職功労者、そして五輪活躍者などが自動的に授与される。最下位のシュバリエ章から段階を踏んで昇進していくが、外

Chapitre 1　エリゼ宮の誕生

国人の場合は、いきなり2階級特進的に授与されることも珍しくない。
 理由はさまざまだが、受章拒否組も多い。18世紀の米国独立戦争に駆けつけたラファイエット将軍や小説家のジョルジュ・サンド、モーパッサン、ジャンポール・サルトルとボーボワール。作曲家のラベルや科学者のピエール、マリ・キュリー夫妻。女優ではカトリーヌ・ドヌーブ。ブリジット・バルドーは拒否はしなかったが、勲章の受け取りには行っていない。
 政治家の汚点のすっぱ抜きで知られる風刺新聞「カナル・アンシェネ」の記者や寄稿者も拒否組だ。それは時の政権への異議申し立てにほかならない。つまり、エリゼ宮の住人への激しい批判でもある。拒否者のリストは非常に興味深い。
 かつて、日本でも愛読された「にんじん」など冷徹な目で現実を凝視した19世紀の小説家ジュール・ルナールは「信念をほうむった者が赤い略章をつける」と述べ、時の権力に迎合する受章者が多いことを皮肉っている。エリゼ宮と勲章は厳しい監視の目にさらされているわけだ。

30

絶対共和制の王朝

シャルル・ドゴール将軍が制定し、1958年の国民投票で承認されたフランス第五共和制の憲法は、約2メートルという長身の将軍に合わせたといわれるように、大統領に「長大な」権限を与えている。

まず、任期が長い。当初は、「1期7年（何度も再選可）」だったが、5代目大統領のジャック・シラクが2000年9月に国民投票で憲法改正を実施し、「1期5年」に短縮した。

任期短縮は1995年の大統領選時の選挙公約ではあったが、2002年春の大統領選を前に69歳になるシラクにしてみれば、旧規定のままだと2期目の任期満了時には76歳。再選を目指すには「7年は不利」と判断したからだ。

4代目のフランソワ・ミッテランは7年の長い任期を「永遠のクーデター」といって批判していた。ところが大統領に就任後は任期短縮の公約も果たさず、1981〜95年の2期14年をまっとうした。今後、この記録の更新は不可能とみられている。

ドゴール自身は68年に起きた学生・労働者・市民による反政府行動「五月革命」は乗り切ったものの任期10年目の69年4月、上院・地方行政改革に関する国民投票に敗れて辞任

した。

昨年5月29日に国民投票で欧州憲法の批准が否決されたとき、「ドゴールに倣って辞任せよ」との声に対し、シラクは辞任を一切口にしなかった。07年5月の任期終了まで務め、2期12年とミッテランに次ぐ長期政権の記録保持者になった。

しかし、第五共和制憲法の最大の特色は大統領の長い任期だけではない。「緊急措置権」と明記した第16条にある。

「共和国の制度、国家の独立、その領土の一体性またはその国際的取り決めの執行が重大かつ直接に脅かされ、かつ、憲法上の公権力の正常な運営が中断されるときには共和国大統領は、首相、両院の議長ならびに憲法評議会への公式の諮問ののち、それらの事態に必要とされる措置をとる」

条件は付けてあるが、事実上の大統領の「独裁権」である。

ドゴールによる憲法制定当時、フランスはアルジェリア戦争（1954～62年）の泥沼化に悩んでいた。抜け出すには、こうした「独裁権」が必要だった。しかし、憲法制定から半世紀、世界情勢は大きく変わった。植民地は独立し、東西冷戦も終結し、欧州連合（EU）は27カ国に拡大された。果たして、大統領に「独裁権」が必要なのか。「第六共和制」がささやかれるゆえんだが、多分に手前勝手なフランス国民には、「常に中央集権的な

強い国家が必要かもしれない」（マルチーヌ・オブリ元厚生相）という指摘もある。

権力を秘める伝統

　パリ8区フォーブール・サントノレ通り55番地。ふつう「パレ・ド・レリゼ（エリゼ宮）」と呼ばれるフランス大統領府の所在地である。しかし、正門前の道幅は狭く、外観も「宮殿」と呼ぶにふさわしい威容ではない。
　ちなみにベルサイユ宮殿はフランスでは「シャトー（城館）」と呼ばれている。ベルサイユは17世紀、ルイ14世の絶対王政の時代に国王が狩猟をするための「城館」として建てられ、政治の中心地ではなかったからだ。
　いずれにせよ、アメリカの大統領府「ホワイト・ハウス」の方がエリゼ宮より、よほど「宮殿」らしいかもしれない。
　フランス共和国大統領の地位は特殊だ。日本のように天皇は国家と国民統合の「象徴」で元首としては明記されていない国や、英国など欧州に多い立憲君主制、あるいは米国のような連邦共和制の国とも異なる。米国大統領も最高権力者だが、議会の権限も強い。フ

ランス大統領は国家元首としての役割も行政権も一手に握る、文字通りの最高権力者だ。

ところが、エリゼ宮の外見からは、とても最高権力者の執務所および公邸にはみえない。

道幅100メートルのシャンゼリゼ大通りに比べると、エリゼ宮のあるフォーブール・サントノレ通りの道幅は狭いところで14・8メートル、広いところで20メートルしかない。道幅が一定していないのは、この通りが革命前からあった古い通りのままだからだ。道幅が狭いため、エリゼ宮の写真を正面から撮影しようとしても全景を収めるのは難しい。

ロンドンの英バッキンガム宮殿の衛兵は観光名物になっているがエリゼ宮の衛兵を見物する観光客は極めて少ない。第五共和制5人目の大統領ジャック・シラクが就任した1995年5月当時、エリゼ宮配属の衛兵は252人と発表された。門衛は2人ずつ交代で務めている。

それゆえ、門衛交代の儀式は新旧4人に隊長1人が加わっても計わずか5人。バッキンガム宮殿の大げさな門衛交代儀式に比べると、わびしいものだ。

エリゼ宮衛兵の制服自体は羽飾りとドラゴンの記章付きの軍帽というけばけばしいもので、名門のサンシール陸軍士官学校のそれによく似ている。サンシールの卒業生である第五共和制の初代大統領シャルル・ドゴール（1890〜1970年）はこの制服を「ブラスバンド」と呼んで嫌った。誇り高く、なによりも軽薄さを嫌悪したドゴールが、英国を

エリゼ宮の正面玄関。
ここに赤絨毯が敷かれる

まねた衛兵交代と士官学校もどきの制服を恥じていたことは想像に難くない。

ところが、以上のようにあまりぱっとしない外見、簡素さとは裏腹に、エリゼ宮は王制からフランス革命、ナポレオン1世の帝政、共和制、王政復古などさまざまな変転を経て現在の第五共和制に至るまで、権力中枢の地位を保持し、強固な中央集権国家の象徴として、その主の座を狙う者を魅了し続けている。

燃えさかる野心

エリゼ宮がパリ8区フォーブール・サントノレ通り55番地に建設されたのは、フランス革命（1789～99年）が起きるはるか以前の1718年である。

初代の住人兼所有者はエヴリュ伯爵の称号を持つアンリ゠ルイ・ド・ラトゥール・ドゥベルニュだ。従ってエリゼ宮は当初、「エヴリュ館」と呼ばれた。

時はオルレアン公フィリップ2世の摂政時代である。「太陽王」と呼ばれたルイ14世が亡くなり、「ビアン・エメ（最愛の王）」と呼ばれたルイ15世が王位を継承したのは5歳のときだ。それで、幼い王を擁護するため、ルイ13世の孫のオルレアン公が摂政となった。

オルレアン公は当初、ルイ14世にも仕えたが、そのルイ14世もルイ13世が没したときは5歳に満たない幼児だったので、母后のアンヌ・ド・トリシュが摂政となった。このアンヌの寵愛を一身に受けたのが、愛人説もあるマザラン枢機卿（1602〜61年）である。

マザランは1648年からフランス各地で5年間も続いたフロンドの乱を収め、王朝に安定をもたらし、宰相に昇進した。最後は莫大な財産を残して死んだが、この財産は正当に築かれたものではない、というのが定説である。

エヴリュ伯爵の母親は、このマザラン枢機卿の姪だった。父親は取りえのない平凡な貴族だったが、伯爵にはこの野心家の枢機卿の血が流れていたのかもしれない。

エヴリュ伯爵は伯爵のほかにもいくつかの爵位を持つ名門だが、3男坊のうえ歩兵隊のしがない大尉で、絶えず手元不如意だった。しかも吝嗇との評判で、理想の花婿像とは、ほど遠かった。

ただ、特筆すべきことは、「全身、野心の固まり」だった点だ。こう評したのは、サン・シモン（1675〜1755年）だ。サン・シモンは優れた政治家であり軍人だったが、後半は不遇をかこち、隠遁生活の中で『回想録』を含む膨大な記録を残した。

サン・シモンは義理の甥のカンタン侯爵の結婚式のおりにでもエヴリュ伯爵を観察したのかもしれない。カンタン侯爵が1728年に結婚式を挙げたとき、エヴリュ伯爵の館を

借りた記録が残っているうえ、サン・シモンがお気に入りの甥の結婚式にはまちがいなく出席したとみられるからだ。

野心家のエヴリュ伯爵は29歳の時、まず、出世の糸口をつかもうと、借金をして騎兵隊の大佐の地位を買った。先行投資をしたわけだ。次いで、金持ちの娘との結婚を決意し、物色していた。そこに登場したのが、メロドラマの筋書きでも、こうはうまくいくまいと思われる程、ぴったりの男、アントワーヌ・クロザだった。

クロザの出自ははっきりしない。確かなのは出身地と利殖の才にたけていたうえ、エヴリュ伯爵に劣らず野心家だった点だ。サン・シモンは次のように記述している。

「クロザはラングゾック（フランス南部）の出身である。彼はかの地の聖職者団体の財政管理人の家で非常に下の地位から修行を積んだ。下僕だったという説もある」

かわいい金の延べ棒

名門出身のエヴリュ伯爵と異なり、クロザは絵に描いたような立志伝中の人物だった。フランス南部の故郷で相当な財産を築いたクロザはパリに出て、すでに財政が逼迫して

いた王家を支援することで、さらに財を築くという典型的な政商としてのし上がった。

フランスのブルボン家出身のスペイン王位継承に反対した英国、オランダ、オーストリアが反仏同盟を組んだ、いわゆるスペイン継承戦争（1701～14年）で、クロザはルイ14世を財政的に支援した報酬として候爵の称号を授けられた。名誉ある聖霊騎士団の財務官にも任じられ、さらに同騎士団の青綬（青色のリボンのついた勲章）を授与された。今ならレジョン・ドヌール勲章の受章は間違いなしだ。

立志伝の最後の仕上げが、娘を自分のような成り金ではなく、然るべき称号をもつ本物の貴族に嫁がせ、名実ともに貴族階級の仲間入りを果たすことだった。

金づるが欲しいエヴリュ伯爵とクロザの思惑は完全に一致した。2人の結婚は1709年ごろとされる。花婿のエヴリュ伯爵は32歳、クロザの娘で花嫁のアンヌ＝マリはまだ12歳の少女だった。

アンヌ＝マリはこれまた、メロドラマの定石通り、父親の出身階級の卑しさからも商人としての貪欲さからも程遠い、優雅な美少女だった。母親のクロザ夫人は夫とは異なり、女親として娘と20歳も年上の伯爵との結婚話にどう思ったかは、誰も知らない。誰一人、彼女に意見を求める者はいなかったし、彼女自身も意見を述べなかったからだ。

アンヌ=マリの持参金は150万リーブルという巨額のものだった。エヴリュ伯爵の母親のブイヨン公爵夫人にも5万リーブルが贈られた。

「かわいい金の延べ棒」とパリっ子があだ名をつけたアンヌ=マリと、吝嗇（りんしょく）野心家エヴリュ伯爵の結婚式は、ルイ14世の栄光をたたえてつくられたパリ1区のバンドーム広場にあるアンヌ=マリの父親、クロザの館で行われた。金に飽かしたこの館は、当時、パリで最もぜいたくな館との評判だった。

式の後、花婿と花嫁を乗せた馬車はエヴリュ館ではなく、セーヌ川を渡って花婿の母親が住むブイヨン家の館に到着した。

ちなみにこの館は今、エコール・ナショナル・デ・ボ・ザール（国立美術学校）が使っている。パリの大デザイナーが作品を競う「パリ・コレ」の季節になると、高い天井をもつこの大ホールを借りるデザイナーも多い。引退前の高田賢三もしばしば使っていた。

さて、20歳も年長の花婿エヴリュ伯爵は館の前で、12歳の花嫁の手を取って馬車から降ろすと、表玄関の階段を上り、そして室内に案内すると、さっさと退出し、待たせてあった馬車で去っていった。以後11年間、2人は一度も会わなかった。再会したのは1720年12月、新築したエヴリュ館、つまり現在のエリゼ宮のお披露目パーティーの席上だった。

極楽浄土の大通り

　エリゼ宮が建設されたころのパリは、その前からすでに、「世界で最も大きく、最も人口の多い首都」になりつつあった。重商主義で政治に経済観念を導き入れ、王家の財政改革を断行し、実質的な宰相も務めたジャン・バプティスト・コルベール（1619〜1683）の努力が実ったからだった。コルベールは仏北部ランスの商家に生まれたせいか、フランス人には珍しく経済に精通していた。宰相マザラン枢機卿に見いだされて、財務卿だったフーケの横領罪を摘発し、ルイ14世の知遇を得て財政改革を敢行。その功によって財政総監に任命され、外貨獲得や国内産業の復興を図った。

　ルイ14世は宰相・マザラン枢機卿の死後、親政を断行し絶対王政を確立した。ただ、王の財務総監だったコルベールは、王が側近ともども首都パリを留守にし、ベルサイユの城館に入り浸っていることに頭を痛めていた。

　王は子供のころ、フロンドの乱で蜂起した民衆がパリのルーブル宮殿に乱入したとき、夜陰に紛れて母后と脱出した暗い思い出があり、パリ嫌いになったといわれる。しかし、首都と王の居城が離れていればそれだけ経費がかさむため、コルベールは王のこの習慣を

軽視できなかったのかもしれない。あるいは王と首都との乖離にかすかな不吉、つまり革命の予感を感じ取っていたのかもしれない。王とともに貴族たちも競ってベルサイユに居を移していた。

コルベールは、王がベルサイユに魅せられていた最大の理由が、城館の前の見通しが開けた大通りにあることも知っていた。それで、王の同意を得るために、「ベルサイユに負けない見晴らしの良いパリ」の建設を決意した。

まず、当時、王の居城で政庁のあったテュイルリー宮殿の周辺にセーヌ川に沿った大通りを建設するため、1667年に同宮殿の庭園やフランス庭園の典型であるベルサイユの庭園の設計者である名庭師、アンドレ・ルノートルに大通りの設計を命じた。

テュイルリー宮殿周辺はアンリ4世（1553〜1610年、ブルボン王朝の祖）時代にはまだ野原と沼沢地帯だった。しかし1616年に同宮殿の住人だったアンリ4世の妃マリ・ド・メディシスが、宮殿を拠点に現在のアルマ広場までセーヌ川と平行に走る大通り「クール・ラ・レーヌ（女王の中庭）」を建設した。この大通りこそ、現在のシャンゼリゼ大通りの起源だ。周辺には王のパリ定住を見越した貴族や、すばらしい散歩道の出現を歓迎した人々が居を構えるようになり、馬車の散歩道としてにぎわった。

「CHAMPS-ELYSEES」(エリゼ=ギリシャ・ローマ神話の楽園の名前で極楽浄土の意味、の野)と呼ばれるようになったのは1709年だ。

シャンゼリゼ大通りは1771年には現在のエトワール広場まで延長され、1800年にはさらにその後方のヌイイまで延長された。凱旋門が完成したのはナポレオン失脚後の1836年である。シャンゼリゼ大通りは東のコンコルド広場から凱旋門を経て西へ、1989年に完成した新凱旋門(がいせん)までは6380メートルある。

シラクはパリ市長時代(在位＝1977〜1995)に、シャンゼリゼ大通りの歩道と歩道の中間にあった旧馬車道で駐車場になっていた部分を整理して歩道を拡大し、地下に約8000台収容の大駐車場を建設し、1994年に完成した時には、「世界一の美しい大通り」と自慢したものだ。

すぐそばに華やかな「極楽浄土」の大通りがあるエリゼ宮の初代の住人が幸せな生活を送れなかったのは、皮肉というほかはない。

金と名誉の争奪戦

ところで、いつの世にも目先の利く土地成り金はいるもので、この出来立ての大通りに目をつけた人物がいた。王家の建物管理人で建築家のアルマン＝クロード・モレだ。彼は名造園家で、ベルサイユ宮殿庭園を設計したアンドレ・ルノートルの義理の甥だ。孫との説もある。モレは大通りの発展を見越し、1670年代にはまだ沼地だった周辺の土地をただ同然の価格で購入した。

このモレと同様に荒稼ぎをした男がいた。スコットランド出身のジョン・ロー（1671～1729年）だ。ローはのちに、フランスの経済史上、「オペラシオンの失敗」（1720年）と呼ばれる有名な大破産事件の張本人として歴史に名を残すことになるが、一方でフランス人が最も苦手とする金融の概念をフランスに持ち込んだ人物でもある。ローはフランスにおける一般銀行設立の許可（1715年）を得て「ジェネラル・バンク」を創設し、紙幣を発行し、フランスの植民地だったアメリカのルイジアナなどへの投資会社「ミシシッピ会社」を設立（1717年）、フランス人に投資を促した。

新しもの好きのパリっ子はこの紙幣と外国への投資に飛びついたので、ローはたちまち

エリゼ宮周辺の地図

財産を築いた。このローの知人の一人が、エヴリュ伯爵に娘を嫁がせたクロザだ。

クロザがローに、エヴリュ伯爵が管理職を務める王室狩猟所近くに館を建設するための土地を探している、と耳打ちしたのは1718年だ。土地と引き換えに爵位を譲る考えのあることも伝えた。そして、土地探しに着手したローに、シャンゼリゼ大通りと平行に走る裏側のフォーブール・サントノレの土地を提案したのがモレである。土地は爵位と引き換えにエヴリュ伯爵に譲られた。

モレはただ同然の土地をローに高額で売って大儲けをすると同時にエヴリュ伯爵とも新しい館の設計を請け負う契約を結んだ。もっとも生来の客嗇家の伯爵は、入手した土地に館をすぐ、建てるつもりはなかった。

ところが、建築せざるを得ない状態が発生した。エヴリュ伯爵が摂政オルレアン公に狩猟所の管理職資格購入の許可を懇願したとき、公はかねがね、結婚以来、妻を放置して顧みないこの男を嫌っていたので、「免許は与えるが、条件がある。それは新居が建った時に免許の許可書を夫人に渡すことだ」と命じた。エヴリュ伯爵の購入資金が妻の持参金から出ていることを知っていたからだ。

寂しい最長記録

「エヴリュ館」、のちの「エリゼ宮」が完成したのは1722年だ。当時の書物によると、門のポーチの4本の円柱は優美軽快、柱頭は曲線状の渦形が特徴のイオニア式、正面玄関の円柱は雄大、簡素なドーリア式と、贅を凝らしている。

ところが、工事が完了したとき、外観にあまりにも金をかけすぎたので工事途中で予算が足りなくなった。元来、吝嗇家なので、訪問客の手前、1階と自分が使用する2階の左側の棟のいくつかの部屋に家具を入れただけで、ほかの部屋には家具を入れずに、空き家同然の状態で放置した。それでも1階の大広間には豪勢なシャンデリアがつられた。そして1720年末には、オルレアン公らを招待して盛大なお披露目パーティーを開いた。

新館の女主人であるべきエヴリュ伯爵夫人アンヌ＝マリはこの時、23歳になっていた。20歳年長の夫に会うのは11年ぶりという、異常な再会である。館に入るのはむろん、初めてであった。アンヌ＝マリにとっては金持ちの強いられた結婚ではあったが、かつての美少女はブルボン王朝の宰相マザラン枢機卿の姪である姑の教育もあり、教養のある立派な淑女に成長していた。

Chapitre 1　エリゼ宮の誕生

心配になった伯爵の愛人のドレスディグイエール公爵夫人は伯爵のそばを一時も離れず、自分がこの新館の「女主人」であることを誇示した。しかし、そんな必要はなかった。エヴリュ伯爵はパーティーが終わると正妻を正面玄関まで送り届け、母親の館に戻るように宣言した。

この時、アンヌ＝マリはこの新装の館に自分が決して住むことがないことを悟った。姑の館に戻ると「別居」を申し出た。当時、離婚は禁止されており、結婚の契約が署名されると、未来永劫に解消できなかった。

しかし、「別居」は2人の証人の前で互いに相手に「爪弾きの儀式」をすれば即刻、決まったので頻繁に行われていた。ただし、この場合、妻の持参金は返却しなければならない。持参金制度の廃止は1783年だ。

おりしも、アンヌ＝マリの父親の政商クロザはルイ14世の時代に「違法な利益を得た」とされ、莫大な罰金を課せられていた。アンヌ＝マリの別居の決意には現金が必要だった父親の意向も含まれていたのかもしれない。

一方、エヴリュ伯爵の方は当時、40倍に跳ね上がったミシシッピ金山の株を持っており、それを売って妻の持参金を返却した。株はその後、急落。伯爵はうまい時期に売り抜いたことになる。

漂う香水のかおり

「エヴリュ伯爵」の称号を、現在保持するのはミシェル・ドルレアン公爵である。世が世ならフランス王である正統王位継承者、故パリ伯爵の次男だ。

フランスは革命で国王をギロチン台に送ったにもかかわらず、パリ伯爵が1999年6月に死去したときは、報道機関はいっせいにこの正統王位継承者の死をトップで伝えた。

当時の大統領のジャック・シラクも声明を発表して弔意を述べた。

パリ伯爵の死後、現エヴリュ伯爵とは双子の兄弟である長男のジャック・ドルレアン公

自由の身となったアンヌ゠マリはバンドーム広場の実家に戻り、学問に励み、父親不明の子供を2人、ひそかに生んだ。そして1729年、このエリゼ宮で暮らすことのなかった「女主人」は、34歳の若さで亡くなった。エリゼ宮の初代主人であるエヴリュ伯爵は、放蕩（ほうとう）の果てに年齢より早く老け込みながらも1753年、78歳で死亡した。

エリゼ宮の主人としての最近の在住記録はミッテラン大統領の2期14年だが、エヴリュ伯爵がこの館で暮らした年月は30年以上に及び、最長在住記録である。

爵が父親のパリ伯爵を継承したが、この長男は父親と父親の愛人だった家政婦モニック・フリーズへの憎悪を隠さなかった。父親は死ぬまでの二十数年、パリ近郊のチェリスイ城に愛人と住み、伯爵夫人や子供たちとは「フランス王」としての記念式典を主宰する日などを除いては、ほとんど連絡がなかった。

父親の死をラジオの至急報で知った家族はチェリスイ城に駆けつけたが、城は家具や美術品、調度品などがほとんど消えうせ、空き家同然の状態になっていた。

しかも、仏東部ストラスブールに住む一家の知らない公証人が、「パリ伯爵夫人には用益権があるが、子供には事実上、何一つ、相続権がないと宣言した。パリ伯爵には美術品などを含む当時の換算で約400億円相当の遺産があったはずだが、それがどこに消えたかも判然としなかった。

娘の1人が生前、「父上は私たちに何を残されるのか」と聞いたら、「憎悪」と答えたという。

そういえば、啓蒙思想家のジャンジャック・ルソー（1712〜78年）も、あらゆる点で自分とは何の共通点もない家政婦と結婚した。ルソーは教養ある12歳年上のヴェランス夫人の庇護の下で青年時代を送り、多大な影響を受けた夫人を敬愛していただけに、この結婚は意外に思われた。

ルソーがこの結婚によって啓蒙思想家として、社会的偏見や不平等への批判を身をもって実践し、範を垂れたわけでもなさそうだ。古今東西を問わず、家政婦としての心遣いや忍耐を、愛情と間違える男性が案外、多いのかもしれない。

高級商店街のルーツ

フォーブール・サントノレ通りにあるエリゼ宮の建設から約60年後の1781年、すなわち、フランス革命直前に出版されたルイ゠セバスチャン・メルシェ（1740〜1814年）の「18世紀のパリ生活誌」には次のような記述がある。

「フォーブール・サントノレのたった1軒の家のほうが、（もっとも貧しく、もっとも不穏で、もっとも手にあまるパリの下層民が住む）フォーブール・サンマルセル、またはサンマルソー通りの住人全部をまとめたよりも、多額の金を持っている」

メルシェが壮年期の1771年から革命勃発の1789年までに長期間かけて仕上げたこの全12刊の大書は、革命直前のアンシャン・レジーム（旧体制）から革命直前の黎明期のフランスの事象を生き証人として、つぶさに観察して報告した18世紀の総決算書といえ

Chapitre 1 エリゼ宮の誕生

ただ、フランスでメルシェの評価が進んだのは第二次世界大戦後だ。メルシェとほぼ同時代のヴィクトル・ユゴーやオノレ・ド・バルザック、シャルル・ボードレールら文学者の盛名に比較すると、メルシェの名は不当なほど一般的には知られていない。20世紀前半まで、フランスでは文学や哲学書の位置が高く、メルシェのような社会科学的な書物が軽視されていたことにもよる。

「フォーブール」という言葉は元来、城壁の外、つまり町はずれを意味するが、メルシェの記述から、フォーブール・サントノレは革命前からすでに、金持ちの住む街区として知られていたことがうかがえる。

フランス王シャルル9世は1563年、イタリア・フィレンツェの大財閥出身の母后摂政カトリーヌ・ド・メディシスが建造したテュイルリー宮殿を擁護するために、パリの周囲に城壁を築くように命じた。この時、宮殿に隣接するフォーブール・サントノレは壁のうちに入ることが決まった。

この指令こそ、この界隈（かいわい）が富裕層の地区に格付けされた重要なきっかけだ。欧州は中世、宗教の力が強かった。1576年にはカトリーヌ・ド・メディシスが母国イタリアからわざわざ呼び寄せたカプチン会（フランシスコ会から独立）の修道士たちがこの通りに住み

ついたことも格付けを決定的にした。

1810年にはまた、この地域に産業振興を奨励して創設された「総製造業評議会」が設置されたことがきっかけで、この地域に「ボー・カルチエ（立派な地域）」との呼び名も与えられ、富裕層の地区としての格付けを確認した。

この地域は現在、エルメス、サンローラン、ランバンなど高級ブランド店が軒を連ねる高級ショッピング街として日本人をはじめ世界中の観光客に知られている。エリゼ宮のほぼ前には老舗の画廊があるが、シャルパンチェ画廊を名乗っていた1935年と翌36年の2回、兵庫県出身の福中卯之助が個展を開いている。福中はロンドンやニューヨーク、シカゴでも個展を開いた当時の新進画家だが、遺族によると、36年の時は「大統領がたまたま訪れて1点購入したため人気を呼び、（11月7日から21日までの）会期を延長した」という。この大統領は1932年から39年まで務めたアルベール・ルブランとみられる。遺族によると、作品は表装されて額に入れて洋間に飾られるようになっていた。

個展のポスターには、「日本の魚、花、動物」を絹布に描いた日本画と紹介されており、第二次大戦前には、日仏交流が活発に行われていたことが伺える。

「日仏知的接近協会」主宰となっており、日独伊防共協定同盟（1937年）が締結されるところで、パリの道路に名前が付けられ、住所表示が出現したのは1728年だ。国立

53

Chapitre 1　エリゼ宮の誕生

劇場コメディー・フランセーズの近辺には「ラシーヌ通り」や「モリエール通り」が誕生した。最初はブリキ板を使って表示されたが、フランス革命直前に建物の石壁そのものに刻みこまれるようになった。

家にも番号が付けられたが、そのうちに貴族の家に平民より後の番号を付けるのはおかしいといった理由で徐々に番号付けは行われなくなり、革命直前に中止された。

現在ではセーヌ川を基点に1番地から順次、左側が奇数、右側に偶数の番地が付けられている。

王の娼婦の家

「王の娼婦の家」――。ポンパドール侯爵夫人が2代目の住人となってから、大衆はエリゼ宮をこう呼んで、さげすんだ。日本ではルイ15世（1710〜74年）がこの地域の発展のために愛人を住まわせたという解説があるが、前述したように、この地域はすでに「金持ち」の地域として評価されていた。

フランスでは不動産を取得すると現在でも公証人のところで公式書類を作成するが、女

性の場合、現在でも相変わらず、旧姓から父母の名前はもとより離婚、別居に関係なく、夫の名前も明記する規定になっている。

ポンパドール侯爵夫人の場合も、同様の手続きが取られた。このとき、公証人ムラン氏の下で作成された書類には、こう明記されている。「購入者。旧姓ジャンヌ゠アントワネット・ポワソン、ル・ノルマン・デティオール氏の別居中の妻、ポンパドール侯爵夫人」。購入価格は当時の通貨で50万リーブルと記されているが、70万リーブルとの説もある。現在の日本円には単純に換算できないが、当時の貴族の平均年俸が10万リーブルだったということから、相当な金額だろう。

この書類によって、1721年12月20日生まれの夫人がエリゼ宮を購入したのは1753年、32歳のときだったこともわかる。

夫人は当時、「国王の愛人」からすでに「友人」という地位に変わっていたというのが歴史家の一致した見方だ。夫人は寂しさを紛らわすと同時に、以前より自由になった立場を利用して、後半の人生を不動産あさりに没頭して過ごした、というのが事実だろう。

Chapitre 1　エリゼ宮の誕生

悪名高き夫人の実像

ポンパドール侯爵夫人が買いあさった城館は、パリ近隣のドゥ・シャン城やラ・セルサンクル城、サントウエン城、ベルヴュ城、そしてベルサイユやフォンテンブローにあるエルミタージュ（別荘、庵）などだ。ラ・セルサンクル城は現在、フランス外務省の所有となり、カンボジアやコソボの和平会議など国際会議で使用されている。

こうしたパリ郊外の城の購入の末に、「パリに家を持つ必要がある」として購入したのが、エヴリュ館だった。フォーブール・サントノレ通りを選んだ理由としては、国王の愛人になる前に出産した一人娘アレクサンドリーヌが寄宿していた修道院が近くにあったからと指摘されている。夫人はこの娘を溺愛していた。

国民から「ビアン・エメ（最愛の王）」とあだ名されたルイ15世（在位1715〜74年）は、少年時代は「美しく利発で勇敢」との評判で、将来を大いに見込まれた。しかし、2歳で両親を天然痘で失い、5歳で王位につき、摂政の下で成人した環境のせいか、絶えず、何かに満足するということが少なかった。性生活に関しても同様だったといわれる。国王の性生活に関しては、「書物にすれば数巻が必要になるだろう。「巨大な退屈」に悩まされ、

ポンパドール侯爵夫人に関する
書籍の表紙にあしらわれた肖像画

それほど情事の数は多かったと記されているほどだ。その情事の相手としてポンパドール侯爵夫人の存在が秀でているのは、その美貌もさることながら、才気でも国王を常に「巨大な退屈」から救っていたからかもしれない。

夫人は絶えず、手を替え品を替えて国王を慰めようと努力した。ベルサイユの城館はもとより、パリ郊外に点在するいくつかの離宮で芝居や歌劇を上演するなど、さまざまな工夫を凝らした。

彼女の肖像画に「ディアーヌ（月の女神）に扮したポンパドール侯爵夫人」とか「羊飼いの娘に扮したポンパドール侯爵夫人」などの画題が付けられているのは、彼女自身がこれらの役を実際に演じて国王を慰めたからだ。

女の天国、男の煉獄

もっともパリっ子は反感と憎悪をしだいに募らせていった。次のような戯れ歌がはやった。

大貴族は堕落し、徴税官は金持ちになり、あらゆる魚＝（ポワソン）と夫人の旧姓（ポワソン）を掛けている＝は広い住処（すみか）に移る……
これがろくでなしの規則、財政は普請や買い物で逼迫（ひっぱく）し、国家はデカダンスに、王様は何もしない、何も、何も、何も。

夫人がパリ郊外に城館を買いあさったのは、パリから離れ、パリジャンの攻撃から身を守るためと買い集めた膨大な美術品の置き場が必要だったとの説もある。しかし、城館の買いあさりが激しくなればなるほど、悪意に満ちた戯れ歌も激しくなった。しかも攻撃の対象は夫人だけに止まらず、国王にも向けられ、版画なども添えられるようになった。後世に残された版画の中には、傑作も多い。国王が夫人によって鎖につながれ、外国勢にむち打たれているなど、当時のフランスの外交力の衰えを風刺する作品はその典型だ。

また、国民のルイ王朝に対する不満がこの時期、すでにかなり高まっており、革命の足音が忍び足で近づいていたこともうかがえる。
1750年5月23日にはフォーブール・サントノレで賃上げ要求を拒否された2人の労

働者が雇い主に殴りかかったという事件が発生した。当時、労働者が身分のずっと上の雇い主に暴力を振るうというのは前代未聞の事件だった。1734年のパリ市の人口は約90万だったが、こじきの数は1万5000人に達していた。

王制崩壊のきざしはいたるところに見られた。ルイ14世時代にフランスの繁栄を確立したコルベールが打ち立てた税制は間接税が主体だったが、これも、すでに限界に達していた。

ルイ14世時代の繁栄はルイ15世時代には暗転し、フランスも参戦した1740年代のオーストリア王位継承戦争によって財政はさらに疲弊した。再建が急務になっていた。1749年には財務総監マシューの下で、「税制国家」の下地ともいうべき「20分の1」税が創設された。一種の所得税の創設で、階級を問わずに全身分に差別なく税が課せられた。

ところが、この「20分の1税」は、特権階級から激しい抵抗にあった。それで、特権階級中の特権階級ともいうべきカトリックの僧族は免除されたのだが、この特例は一般国民には実質的な増税にほかならなかった。不平等感と不満が広がり、絶対王制への反感をいっそう募らせた。王の愛人、ポンパドール侯爵夫人への反感にはこんな時代背景も含まれていた。

フランス国民はミッテランに隠し子がいても不問に付したように、愛人の存在には寛大

だ。しかし、愛人の存在が公務や公金にかかわってくると容赦しない。

ミッテランに対しては、隠し子とその母親がエッフェル塔に近いブランリー河岸にあるエリゼ宮の別館、つまり国有財産のアパートに住んでいた、という非難や、隠し子が小学生時代に、通学に護衛官を付けたなどの非難はあった。

しかし、別館は無人にしておこうが、別邸として使用しようが、大統領の判断にまかせられることになっている。結局、公的に非難するには根拠が薄かった。当時、大統領が末期がんで死期も迫っていたこともあり、国民も政敵も黙認した。

しかし、ルイ15世とポンパドール侯爵夫人の場合、国民の反感はおさまらなかった。

侯爵夫人が憎悪されたもう1つの理由は、現実の生い立ちが平民の出身であったこともある。破格の出世をした者に対し、嫉妬が激しい憎悪に変わる例は古今東西を問わず、よくある例だ。

侯爵夫人の父親、フランソワ・ポワソンは仏南部プロヴァンス地方出身の馬取扱人だった。なかなかの才覚があり、糧秣調達役に取り入ってまず、軍隊の糧秣支給係になった。さらに首都への食糧供給にも携わり、首都パリに出ることに成功した。危ない橋も渡った。架空の売買をしたとして裁判所から有罪判決を受け、ドイツに逃亡した時期もある。しかし、侯爵夫人の実父は、この立志伝中の人物ではなく、彼がドイツ

逃亡中に一家の面倒を見た総括徴税請負人シャルル＝ル＝ノルマン＝ドトゥルネームとの説が有力だ。

夫人の母親が、30代で男やもめになったフランソワ・ポワソンと結婚したときは19歳だった。「パリで最も美しい女性の1人」に数えられたほどの美貌だった。2女、1男の母となるが、結婚前からドトゥルネームの愛人だったといううわさもある。少なくとも長女のポンパドール侯爵夫人はこの小貴族との間に儲けた子供との説が強い。

二女は幼くして病死し、長男は後に侯爵夫人になった姉の引き立てによってマリニー侯爵になった。エリゼ宮の横にあるマリニー大通りは、この弟にちなんだ命名だ。ここにはエリゼ宮の別館「マリニー館」があり、現在、迎賓館として使われている。1994年に天皇皇后両陛下が国賓として訪仏されたときにも宿舎として使われた。

貴族階級になった美女

当時、貴族は娘を結婚の日まで修道院に預ける風習があったので、上流のブルジョア階級もこれをまねた。

「母親に負けず劣らず美しい」と評判だったポンパドール侯爵夫人に貴族階級の娘のような教育や行儀を受けさせようと修道院に預けることを勧めたのは、一家の保護者でもあったこのシャルル=ルー=ドトゥルネームだった。

このことも、ドトゥルネームが夫人の実父説の有力な根拠になっている。おかげで彼女は後に貴族のサロンに出入りしたり、国王の愛人になったときも、それにふさわしい十分な教養があった。ドトゥルネームはまた、彼女を貴族の称号を持つ甥と結婚させ、財産を相続させた。

この甥は結婚と同時に伯父からパリ近郊エティオールの土地の相続権も受け継いだ。それで貴族の称号の「ド」を付け、「エティオールの領主」という意味で、「デティオール」と名乗った。これで彼女もめでたく貴族階級の仲間入りをしたのだった。

もっとも、この称号はベルサイユの城に出入りするほど上等ではなかった。ルイ15世はベルサイユ入りにあたり、彼女に空席になっていたポンパドール侯爵領と称号を買い与えた。この領地からはまずまずの収益があり、彼女は身分と同時に財産も手に入れた。

一方、夫デティオールの方は妻が国王のもとに走られたので、はた目にも落胆ぶりがひどかった。自殺の恐れもあったので、武器を取り上げられたほどだ。

夫人の弟マリニーは姉の美しさについて、「どんな肖像画も本当の美しさを描いていない」

と断言した。最も雰囲気を表しているとされるジャンマルク・ナティエの1748年制作の肖像画をみると、細面の輪郭にどこか夢見がちの大きなブルーの瞳は、権勢を誇った国王の愛人というよりも、永遠の少女といったおもむきだ。前髪をあげて額を出し、全体にふくらみをもたせて後頭部でまとめた女性の髪形は「ポンパドール」と呼ばれるようになる。

性格も悪くなかったようだ。啓蒙思想家ヴォルテールはデティオール夫人時代からの知人だが、「彼女は育ちが良く、聡明で、愛らしく、優雅さと才知にあふれ、生まれながらにして良識と善良な心を備えていた」と絶賛した。

もっともヴォルテールは当時、彼女から年金をもらっていたので、その分、割り引く必要があるかもしれない。ヴォルテールは小説家のクレビヨン（1707～77年）も自分と同様に年金をもらっていることを知ると嫉妬して、詩の中でポンパドール侯爵夫人を「この幸福なグリゼット（蓮っ葉女）」などとそしった。

ルイ15世の王妃マリー・レクザンスカも、国王のほかの愛人たちと比較して、彼女の謙虚な態度や王妃を尊敬する態度には好感を持ったようで、「どうせなら、あの人のほうがましだ」とつぶやいたといわれる。

一方で、「あらゆる手段を講じて国王への接近を試みた」という野心家ぶりを示す指摘も

多い。

彼女を狡智にたけた女性としてこう述べたのは、ルイ13世時代に宰相をつとめたリシュリュー枢機卿の甥の息子で、ルイ15世時代の宮廷貴族の代表だったリシュリュー侯爵だ。ところで彼女に国王の愛人になるという野望が芽生えたのはいったい、いつだろう。9歳の時に「ある日、ルイ15世の寵姫になる」という予言を行った占い女に、予言が実現した後、年金を支給したという話もある。

彼女とルイ15世との正式な出会いは1745年2月25日、ベルサイユの城館で開かれた皇太子とスペイン王女の成婚記念仮装舞踏会だったとの説が有力だ。舞踏会の数日後、再び成婚を祝する舞踏会がパリ市庁舎で行われた。国王はドミノ（ずきん付きの黒い法衣）の仮装衣装をまとい、同じ衣装の友人の貴族とともに彼女と落ち合い、「そのまま彼女は2人についてベルサイユに行った」との証言もある。一方、ルイ15世の方は「衣服を身につけるやポンパドール夫人の部屋に行き、ミサの時間がくるまでそこに止まり、ミサがすむと、彼女と昼食を取り、それから大臣を迎える夕方まで彼女と過ごす」という日が続いた。謝肉祭の最終月曜日には私室で夕食、ベルサイユの「小楯の間」での舞踏会、パリのオペラ座、午前7時にベルサイユに行き、あとはまた午後7時まで寝る……。

こうした状況がベルサイユでもフォンテーヌブローの城でも繰り広げられた。健康に恵まれたルイ15世は、舞踏会に出ない日は何時間も狩りをし、馬に乗って駆け回り、臣下の者をへとへとにさせた。

病弱だったポンパドール侯爵夫人も、いつも疲労困憊だったといわれる。しかも国王は次々に新しい女性に興味を持ち続けた。彼女はある日、国王の心臓を指し、「私の欲しいのはこれ」と言った。人の心だけはどんなに知恵を絞っても縛っておくことができないことを悟った彼女が、エリゼ宮などの不動産道楽に走っても不思議はない。

国王がフランドル軍に加わって出発し、ブリュッセルを占領した1746年に彼女はまず、パリ郊外のクレシー・クーヴェ城を購入した。翌年は城の改造や室内装飾に多額の金と時間をかけて過ごした。

寵姫は才人を好んだ

パリ市中に購入したエヴリュ館、後のエリゼ宮の場合も多数の芸術家たちが内部の手入れを担当した。家具もぜいたくなものを入れ、壁を豪華なゴブラン織りで飾ったので、改

装飾費は巨額に上った。彼女はここに国王を迎えるつもりだったらしいが、国王が訪問した記録はない。ルイ15世は自分の財布を痛めるのは嫌ったが、国庫から支払われる場合は無頓着だった。彼女の年金は年々増額されたので、大衆が憎悪の対象にしたのは当然だ。

彼女はルイ15世に自分が使う金銭はねだらなかったが、後世に伝わる文化・教育施設用の金はねだっている。フランスの名産セーブル焼きの磁器工場や陸軍士官学校（エコール・ミリテール）、サンシール陸軍士官学校の創設基金などだ。芸術、文化を援護するメセナの支出も多かった。

百科事典の編纂（へんさん）で知られるディドロは「寵姫は才人を好んだ。自分自身が才女であることを鼻にかけることなく。彼女の化粧台にはダイヤモンドの装身具やおしろい用のパフなどとともに、物語類や偶詠の類がみられ、彼女はそういうものをすばらしいと思っていた」と一定の評価をしている。

しかし女性として幸福だったのか、どうか。

一人娘を溺愛（できあい）し、5歳半の時には乳母から引き取ってベルサイユに連れて行き、6歳になると貴族や富裕階級の娘だけが通学する聖母被昇天（アソンプシオン）修道院にあずけた。自分は平民出身だっただけに、娘の教育には熱心になったのだろう。

その愛娘アレクサンドリーヌは1754年6月15日に激しいけいれんの後に死んだ。毒

殺の疑いもあり解剖されたが、どうやら腹膜炎で死んだらしい。娘の死の10日後には父親も水腫で死去した。42歳だった。そして彼女自身も1764年4月15日、肺炎のためにベルサイユで息を引き取った。日本に限らず、「ポンパドール侯爵夫人」は、権力に魅せられ、そして権力者の地位を利用して権力を振るう女性の代名詞として使われている。が、実際はこの移り気で多数の愛人と交流があった国王を最後まで愛していた忠実な女性だったとの見方もある。

1757年に書かれた夫人の遺言書の第1項には、「国王にこの邸宅（エリゼ宮）を遺贈する」とある。もっとも国王の方は、さすがに寵姫の贈り物を私有財産に加えるのにはとまどいがあり、侯爵夫人が購入した価格を上回る75万リーブルで買い取り、パリ滞在の外交官用宿舎にした。しかし、エヴリュ館には1人の外国大使も迎えないまま1773年10月2日に銀行家のボージョンに購入価格より高い金額で売った。

ボージョンは午前4時に起床し、午前9時まで働き、残り時間は稼いだお金を使って過ごしたといわれる変わった人物だった。そして1786年、エヴリュ館をルイ16世に売却した。

Chapitre 2

各部屋に遺る歴史の面影
革命から帝政へ

雄鶏館の管理人

　エリゼ宮の裏門は「雄鶏(コック)の鉄格子の門」と呼ばれている。鉄扉の上には金箔(きんぱく)の雄鶏の彫刻と「フランス共和国」のイニシャルの「RF」が輝く。
　「雄鶏」は古代、ケルト系先住民族ガリア人とこの地を征服したローマ人とが混血して生まれたガロ・ローマ人の時代から、フランス人の記章であった。フランス国家の記章は王制時代のユリの花から共和制の青、白、赤の三色旗に替わったが、この「雄鶏」は王制、共和制、帝政を生きながらえ、現在に至る。オリンピックやサッカーのワールド・カップ(W杯)でも、雄鶏記章が三色旗とともにフランス選手のユニホームを飾っている。
　フランス人の起源はガリア人だが、雄鶏もラテン語で「ガリア人」をさす「ガリュス」と同音異義語である。ドイツの鷲や英イングランドのレオパール(ライオン)など隣国の覇者然とした記章とは対照的だ。が、このしがない雄鶏も、ばかにしたものではない。
　シーザー(紀元１００ごろ～紀元前４４年)の「ガリア戦記」に、こうある。
　《ガリアの戦士がまるで雄鶏がひなを守るがごとくに血気にあふれ、激高して戦う》と。
　第一次大戦、第二次大戦とドイツに実質上は敗北しながら、最後に勝利を獲得したフラ

雄鶏が上に見える裏門。
ここからナポレオンは出ていった
（2007年7月14日撮影）

ンス人の性格に例えられもする。一見、軟弱そうだが侮れない実力と勇気がある、という価値観は、フランス的洒脱にも通じそうだ。

フランス人に小型車愛好者が多いのも、同じ価値観からきているのかもしれない。燃費が安いのに出足もよく、スピードが出るのがフランス小型車の真骨頂だ。外見がパッとしない「エリゼ宮」も雄鶏や小型車と同様に、フランス人の価値観にかなう建物なのだ。

内部は、しかし、外見に比較するとかなりぜいたくである。不動産業者ふうにいえば「床面積1万1179平方メートル、高級家具付きの豪華な館」である。「パルク（公園）」と呼ばれる広大な庭は裏側に当たるシャンゼリゼ大通り近くまで広がり、第五共和制初の社会党の大統領フランソワ・ミッテラン（故人）などは庭でゴルフをしていた。カモが泳ぐ池もある。

シラクが第五共和制5人目の大統領に就任した1995年5月17日の新旧大統領の権限移譲式で末期がんで余命いくばくもないミッテランがシラクに「よろしく」と後を託したものの中にはカモたちも含まれていて、シラクをホロッとさせたといわれる。

シラクは就任式で「希望の管理人になったような気がする」と演説したが、確かに新大統領が旧大統領から引き継いだものの中には、地下の核ボタン装置が収容されている部屋の鍵を含め、エリゼ宮の大小328の全部屋の鍵があった。この全鍵の引き継ぎは代々の

大統領の権限移譲式の重要な部分を占めている。

この日、シラクは文字通り、エリゼ宮の「管理総責任者」になったわけだ。

隠し子事件

エリゼ宮の部屋数が328なら、置き時計の数は380（1995年現在）にのぼる。時計をはじめ、贅を凝らした家具のすべては「国立家具保管庁」が調達したものだ。日本には存在しない「国立家具保管庁」というこの役所は、エリゼ宮をはじめ官庁などの家具調度を一切、担当している。

エリゼ宮の住人は自分の好きな家具調度品を選んで飾ることができる。ただし、使用する家具類は、秘書はもとより守衛の事務机に至るまで、ステンレス製などの現代家具を使用することは許されない。

ミッテラン大統領時代の84年当時、エリゼ宮は3150の家具、242の絵画、64の彫刻で装飾されていた。家具は、いわゆるナポレオン3世（1808〜73年）時代の「帝政スタイル」が支配的だった。

Chapitre 2　各部屋に遺る歴史の面影

大統領公邸はエリゼ宮の正門をくぐると左側の区域にある。ミッテラン時代には室内装飾はフィリップ・スタルク、照明はアンリ・アルカンと超一流の室内装飾家が手がけた豪華な住まいだったが、ミッテラン自身は公邸に腰を据えていたわけではない。91年1月の湾岸戦争勃発前、ミッテランはセーヌ左岸のカルティエ・ラタンから通勤していたが、戦争中という非常事態をきっかけに有事に備えてエリゼ宮に住むようになり、自宅に帰るのは日曜日のみだった。

もっともミッテランは「隠し子」のマザリーヌとその母親でオルセー美術館のキュレーター、アン・パンジョウ夫人を住まわせていたエッフェル塔に近いブランリー河岸通りにある大統領府の別邸に宿泊することが多くなった。

フランスではまた国家が大統領の残務整理用のアパートを提供してくれる。ミッテランも任期終了後はアンバリッド（廃兵院）に近いパリ7区のアパートに移り、隠し子母娘と暮すことが多かった。クリスマスは隠し子たちと、大晦日はダニエル夫人に2人の息子や側近、友人たちと中仏の別荘で、というのが決まりだった。死去したのはアンバリッドに近いアパートの方だった。

シラクが前任者の訃報を発表したのは96年1月7日午前11時、エリゼ宮での報道陣との

大統領執務室　正面玄関

公邸

「閣議室」

「銀の間」
地下に核ボタン

「祝祭の間」

エリゼ宮の間取り図

賀詞交換会の冒頭だった。
「今朝、フランソワ・ミッテラン大統領が死去した。私は別れを告げてきたばかりだ。本日の会は1週間、延期する」
携帯電話が現在ほど普及していなかった当時、内外主要メディアの記者や特派員ら約500人は、会場の「祝祭の間」をいっせいに飛び出し、第一報を送った。

ポンパドールの間

エリゼ宮の1階には、今も、2代目の住人ポンパドール侯爵夫人の思い出をのこす「ポンパドールの間」がある。金箔の装飾をほどこした付け柱やアルコーヴ（寝台を置くためのくぼみ）は当時のままで、夫人の贅を凝らした生活ぶりがしのばれる。ベルナデット・シラクが大統領夫人時代にインタビューの後にエリゼ宮内を隈なく案内してくれたことがあるが、「ポンパドールの間」を飾るブルーと金地を主体にしたひじ掛けいすや長いすはどれも豪華な金縁がほどこされ、いすの脚部はルイ15世式と呼ばれるカーブを描いた優雅な形をしていた。

ポンパドールの間
（エリゼ宮の資料から）

壁のタペストリーも17世紀に当時の名産地だった仏北部アミアンで製作された逸品だ。絨毯もルイ15世時代に製作された凝ったゴブラン織り。栄華を極めたルイ王朝のさんざめきが聞こえてくるようだった。

第五共和制初代大統領としてエリゼ宮の住人だったドゴール将軍がエリゼ宮を嫌った理由の1つは、「ポンパドールが住んだところなんて」というルイ15世の愛人だったポンパドールに対する蔑視の気持ちがあったからだとされる。加えて、質実剛健を旨とする軍人としても、「ポンパドールの間」に代表されるように、エリゼ宮が「あまりにもブルジョア的な住まい」だったこともあげられている。ドゴールは、エリゼ宮の歴史的意味として「ナポレオン1世の退位とその甥（3世）の（大統領から帝政への）クーデター以外には大した事件を記録していない」と述べたとも伝えられる。

「ポンパドールの間」は、基本的には大統領への謁見に使われるが、例外的に少人数の夕食会に使われることがもある。1989年12月の欧州共同体（EC）首脳会議の際の夕食会もこの部屋で行われた。

11月9日にベルリンの壁崩壊という歴史的大事件があり、各国首脳の大半は急遽11月中にEC首脳会議を開くべきだとの考えだった。しかし、議長国フランスのミッテラン大統領が「壁崩壊は日程を変更するほど重大ではない」と述べて反対したため、予定通りに12

月に開かれた。

会議では重苦しい雰囲気が漂い、夕食会でも当時12カ国だった加盟国首脳は全員が黙々と料理を口に運んだ。部屋がきらびやかなだけに、沈黙が際立ったはずだ。

ミッテランは当時の西独のコール首相とは欧州統合の2頭立て馬車の牽引役を自任し、個人的にも党派を超えて固い友情で結ばれていた。

しかし、第一次大戦、第二次大戦の記憶が残る世代に属するだけに、ミッテランには「仇敵ドイツ」に対する警戒感が本能的にあった。ミッテランは第二次大戦では兵役について捕虜となり、3度目の脱走に成功してレジスタンスに身を投じた経歴をもつ。

ミッテランが壁崩壊直後に急ぎキエフに飛び、当時のソ連のゴルバチョフ大統領と会談したのはその証左だ。この仏ソ会談はドイツの不快と不信を生み、ミッテラン外交の失敗の1つに数えられている。

「金の間」の大統領

エリゼ宮の中で、最も豪華な雰囲気があるのは「金の間」といえよう。ポンパドール侯

爵夫人が私的なサロンとして使用していた部屋だ。ポンパドール嫌いだった第五共和制の初代大統領、ドゴールは、この「金の間」を執務室として使った。

軍人のドゴールは、軍人的潔癖さから、公私混同を嫌い、エリゼ宮には私物をいっさい持ち込まなかったといわれる。エリゼ宮も兵舎の一種と考え、いったんことあれば、即刻、移動できる態勢であるべきだ、と考えていたのかもしれない。

そのドゴールがこの豪華な「金の間」を執務室として使ったのは、2階の中央に位置し、陽光が降り注ぐ明るい部屋だったからといわれる。白内障を患っていたドゴールにとって明るい部屋は執務室の第1条件だったはずだ。

1981年5月、第五共和制初の社会党出身の大統領に就任したミッテランが「金の間」を執務室に決めたとき、フランスのメディアは「執念の復讐(ふくしゅう)」などと書き立てた。ミッテランは、ドゴールが制定した大統領に強大な権限を与えた第五共和制憲法を「永遠のクーデター」と批判してやまなかった。1965年の大統領選ではドゴールに挑戦して敗れるなど、ドゴールの「政敵」を自負していたからだ。

ミッテランはさすがに、ドゴールが使用していた執務机など家具類は使わず、国立家具保管庁に返却したが、後任のシラクが引き継ぎのためにこの部屋に入ったとき、室内は執

務机をはじめドゴール時代と寸分、違わない状態になっており、シラクを感激させた。ドゴールの正統継承者を自任するシラクへの、ミッテランの祝いの意味がこめられていたからだ。

シラクの在任中、執務机の傍らには、ドゴールが1969年4月の上院の改革の是非を巡る国民投票に敗れて引退した直後、イボンヌ夫人とともに、アイルランドを訪問したときの写真が飾られていた。サルコジもこの部屋を執務室に決め、ドゴールが1945年6月18日に英ロンドンのBBCスタジオからレジスタンスを呼びかけた時の写真を飾っている。

また、側近筋によると、シラクの執務机の上には二女でエリゼ宮の広報担当のクロード・シラクの息子、今のところ、たった1人の孫であるマルタンの写真が置かれていたという。

ドゴールは電話が嫌いだったが、シラクは電話魔で、執務机の近くには米国大統領とロシア大統領との直通電話のほかに、日本を含む主要国首脳との直通電話も置かれていた。1999年10月からは北京との直通電話の事務局次長を務め、保革共存政権時代（1993〜95年、97〜2002年）に予算相や財務相を歴任したクリスチャン・ソーテル（現在パリ市財務

担当助役)は、エリゼ宮時代を振り返り、「まるで電話の交換手になったようだった」と述べたことがある。

エリゼ宮への電話がいかに多いかを物語る逸話だ。もっとも携帯電話が普及した現在、サルコジ大統領が携帯電話を耳に当てている姿が絶えず報道されており、エリゼ宮の電話交換手は失業の危機に見舞われているかもしれない。

権力の喜劇

「金の間」がある2階に通じる階段は「名誉の階段」とか「ミュラの階段」と呼ばれている。ナポレオン・ボナパルト（1世、1769〜1821年）の義弟の軍人ジョアキム・ミュラ（1767〜1815年）がエリゼ宮の住人になった1806年につくられたからだ。

ミュラはナポレオンの副官から身を起こし、ナポレオンのイタリアやエジプト遠征に従い、功があった。ナポレオンが帝政への道の第1歩となる総領政治を樹立するために起こした1799年のブリュメールのクーデターでも真っ先にはせ参じた。

名誉の階段

クーデターの翌年にはナポレオンの妹カロリーヌと結婚し、義弟になり、その4年後には元帥に昇進。ナポレオンの戦歴の中でも名高い1805年の「アウステルリッツの戦い」（オーストリア・ロシア連合軍に大勝）などで貢献した。

ミュラは1808年から14年までナポリ王となったが、フランス皇帝となって覇をとなえたかにみえたナポレオン自身の武運もすでに尽き、1814年にはエルバ島に流された。帰還して百日天下の支配を行うが、ワーテルローの戦い（1815年）で大敗。ミュラも最後は敵の捕虜となり、処刑された。

エリゼ宮では毎水曜日午前11時から閣議が開かれる。第5共和制第2代目大統領のポンピドー時代（1969〜1974）から玄関右手の奥の部屋が使われているが、この部屋が「ミュラの間」である。長方形の部屋の形にふさわしい楕円形の大テーブルが置かれている。閣議では大統領と首相が向かいあって座り、それを取り囲んで閣僚が座る。席順は儀典法にのっとって、厳格に規定されている。閣議の前に、大統領と首相が必ず2人だけで重要議題などについて打ち合わせするのも伝統だ。

この部屋を「権力の喜劇が演じられる特設舞台」と評したのはジスカールデスタン大統領時代（1974〜81年）に女性の地位閣外相と文化相を歴任したジャーナリストの故フランソワーズ・ジルーだ。ジルーはフランスの代表的週刊誌「レクスプレス」の共同創設

者だ。「権力の喜劇」でメディアや国民を喜ばせたのは、大統領と首相が党派を異にする保革共存政権時代だ。第1次保革共存（1986〜88年）はシラクが党首だった保守政党・共和国連合（国民運動連合＝UMPの前身）が勝利し、社会党のミッテラン大統領の下に保守のシラク首相が誕生した時だ。

この2人が丁々発止のやり取りを展開し、嫌みや当てこすりに満ちた応酬が繰り返されたが、老練なミッテランに分があることが多かったと伝えられる。93年に2度目の保革共存政権が誕生したとき、シラクはこの嫌な役割を避けるために「30年来の友人」のエドワール・バラデュールを首相に送り込んだ。その結果、この友人にものの見事に裏切られ、95年の大統領選を2人で争うはめになった。

個性光る大統領夫人

エリゼ宮の初代の住人、エヴリュ伯爵の夫人アンヌ＝マリは、不実な夫が自分の持参金を使って建てたこの館で一夜も過ごすことなく、34歳の若さで亡くなった。ルイ15世の「愛人」とされた2代目住人のポンパドール侯爵夫人の生涯も女性として幸福とはいいがた

Chapitre 2　各部屋に遺る歴史の面影

現代のエリゼ宮の住人、第五共和制の大統領夫人たちはどうか。

初代大統領のドゴール夫人のイボンヌは、「タント・イボンヌ（イボンヌ伯母さん）」と国民に親しまれた。ドゴールは個人としては厳粛なカトリック教徒で、生涯、愛人の噂もなかった。正妻はイボンヌ夫人で愛人は「マリアンヌ（フランス共和国を象徴する女性）」、つまり、「フランス」といわれた。確かに、ドゴールが、熱烈な愛国の情を込めて、女性名詞のフランスを「彼女（フランス）」と呼ぶとき、「フランス」は肉体を備えた魅力ある存在のように聞こえた。このマリアンヌの胸像は、フランス全国の県庁などに飾られている。モデルはその時代の代表的な女優—ブリジッド・バルドーやカトリーヌ・ドヌーブらが務めている。

夫婦仲は極めて睦まじかった。ドゴールはアルジェリアを独立させたことで、反アルジェリア独立派から三十一回も暗殺未遂の対象になったが、中でも1962年のプチ・クラマール事件では九死に一生を得た。主犯の大佐が軍法会議で恩赦にならず、死刑の判決を受けたのは、襲撃された車に愛妻が同乗していたため、許せるが、ドゴールが死刑を強く希望したからだと伝えられている。自分1人が狙われたなら、許せるが、政治とは無関係の一般市民の夫人が暗殺の対象になることは絶対に許せなかったからだ。

夫妻には1男2女がいるが、2女のアンヌはダウン症だった。彼女はドゴールが一時政

界を引退していた失意の時代に二十歳で亡くなったが、ドゴールはこの時、自分を彼女の横に埋葬するように遺言状を書いた。この遺言状はその後、書き換えられることはなかった。夫人も今では娘と夫の横に眠っている。難病の娘をかかえた夫妻が家庭人として極めて幸福だったとはやはり言い難い。

現代絵画などに造詣が深く、「エリゼ宮を現代美術館に変えた」との批判もあったポンピドー大統領夫人のクロードは、夫が白血病で1974年に任期半ばで急死した後も現代美術を愛し続けた後に、2007年7月3日に九十四歳で生涯を閉じた。エリゼ宮の住人だったころにはシャガールやニキ・ド・サン・ファールをエリゼ宮に招待している。ポンピドーは高等師範学校出の秀才で、文学（フランス、ラテン、ギリシャ）の教授資格試験には1番で合格した。彼女は優秀な「教授」と結婚したつもりだったのが、大統領夫人になったが故にスキャンダルにも巻き込まれている。

ドゴール政権末期の1968年十月に発生したマルコビッチ事件だ。アラン・ドロンの元ガードマンのマルコビッチが死体で発見されたのが事件の発端だ。「秘密パーティー」で撮影した写真をもとに仲間を脅迫したため、仲間に処刑された、というのが当初の報道だった。ところが、この写真の中にポンピドー夫妻、特に夫人の姿があったという噂がパリ中に流れるに及び、事件は一気に政治問題化した。

当時、五月革命を収拾したポンピドーは7月に首相を辞任し、次期大統領選の有力候補としてヤクザや下級警官がポンピドーを陥れるために工作した事件だったことが後に判明した。水着姿が週刊誌に掲載されるなど、イボンヌに比較すると派手な存在だったクロードが格好のねらい目になったわけだ。

確かにドゴールとポンピドーは当時、NO.1とNO.2の関係が多くの場合、宿敵に変わるように、良好な関係とはいいがたかった。ポンピドーはドゴールが自由解放後に樹立した第4共和制の首相時代に首相府の官房に取り立てられたのが政界入りしたきっかけだ。ドゴール退陣後はロッシルド銀行入りし、政治とは一度縁が切れていたが、ドゴールが1958年に復帰後の六二年に首相に任命された。

五月革命の時は雇用問題担当閣外相だったシラクらを率いて陣頭指揮に当たったが、ゼネストに突入するという戦後最大の政治危機にもかかわらず、ドゴールには詳細な状況がまったく伝わらない状況になっていたという証言がある。こうしたポンピドーの老いた恩人を無視した態度に〝制裁〟を加えようとしたのが、マルコビッチ事件だったわけだ。

しかし、ドゴールは事件が自分の意思とはまったく無関係であることを示すために、翌69年3月にイボンヌ夫人とともにポンピドー夫妻を自宅の夕食に招待し、関係が良好であ

ることを強調した。

ジスカールデスタン大統領夫人のアンヌ＝エイモンヌはルイ15世の子孫だ。1974年春の大統領選で当選した夫とともに彼女がエリゼ宮入りしたとき、先祖の国王の愛人、ポンパドール侯爵夫人が好き勝手に暮らした場所だけに、国民は「2世紀ぶりの復讐(ふくしゅう)」などとはやし立てた。彼女は厳粛な国家元首の妻としての役割を懸命にこなした。

ただ、「この寄せ集めの材料で建てられた館は住むためではなく、レセプション用に建てられている」と述べ、エリゼ宮は住居としては失格と断言した。主婦として、エリゼ宮の不便さを痛感したようだ。

ミッテラン大統領夫人のダニエルは、人道運動の闘士であり「ダニエル・ミッテラン基金」総裁だ。ミッテランより社会主義者との評判だ。ダニエルは夫に隠し子がいることが公になったとき、執拗(しつよう)に意見を求めるメディアにこう言った。「私とフランソワ（ミッテラン）の問題です。あなたたちには関係ないはずです」

一方のミッテランは大統領に就任直後、主要メディアの記者たちとの朝食会で「隠し子がいるそうですね」と聞かれ、「エ・アロー（それで）？」と聞き返し、記者らを沈黙させた逸話は有名だ。ミッテラン夫妻は名せりふでは、見事に一致していた。

シラク大統領夫人のベルナデットは、県会議員を長年務める政治家であり、硬貨を寄付

Chapitre 2　各部屋に遺る歴史の面影

して病人など弱者を支援する慈善事業を主宰する「パリの病院・フランスの病院基金」総裁でもある。

ベルナデットが将来の夫に出会ったのは1950年に入学したエリート校のパリ政治学院だ。シラクが「勉強会に入りませんか」と声をかけ、交際が始まった。

ベルナデットは名字に「ド」が付く貴族階級の出身だ。叔父はドゴール将軍の側近だった。将軍が1940年にロンドンから呼びかけたレジスタンスに参加するためロンドンに駆けつけ、副官として仕えた。この叔父の影響もあり、「フランスが本当におのれ自身であるのは、それが本当に第一級の地位を占めているときだけ」という将軍の言葉を愛するゴーリスト（ドゴール主義者）だ。シラクよりゴーリストとの指摘もある。

シラクが再選を目指した2002年の大統領選の前年にフランス人記者との長時間会見をまとめた『私はただあるがままに』（邦訳・扶桑社）はフランスでは約40万部のベストセラーになった。この中ではハンサムで魅力的な夫が女性にもてすぎる悩みや長女が医師の免許を取得するほど優秀だったが、拒食症の後遺症から立ち直れない様子などを打ち明けている。

そして現在の住人、サルコジの夫人、セシリアには前代未聞の「家出事件」がある。2005年の欧州憲法批准の是非を巡る国民選挙の選挙戦の真っ最中に「男性とニューヨークに行ってしまった」のだ。男性は前年、サルコジがUMP党首に選出されたときの米国

式の派手な党大会を演出した広告会社の社長だ。

次期大統領を狙い、国民投票の「賛成」を訴えて奮戦中だったサルコジはこの時、国営テレビで、「数百万の家庭で起きていることが起きた」と告白したが、心痛で激痩した。しかもセシリアと男性のツーショットが週刊誌「パリ・マッチ」の表紙を飾り、編集長の解任事件にまで発展した。

スペイン人の母親とはスペイン語で会話をしていたというセシリアには情熱的なスペイン人の血が流れているのだろうか。パリ大学法学部を中退して上院議員の秘書や一時は178センチの長身と美貌を生かしてモデルをしていたが、テレビの人気司会者に一目惚れされて結婚。しかも、パリ郊外の高級住宅地ヌーイの市庁舎での挙式で市長のサルコジがまたまた一目惚れして再婚した逸話でも知られる。

大統領選の決戦投票を棄権したり、初の主要国首脳会議（G8、ドイツ・ハイリゲンダム）では、首脳夫人を対象にした議長国ドイツのメルケル首相の夫主催の昼食会を欠席したり、夏のバカンス中にブッシュ米大統領の「非公式昼食会」をスッポかしたりと話題には事欠かない。

リビアで子供たちにエイズを感染させたとして死刑の判決を受けたブルガリア人看護師らの解放では、現地でリビアの最高指導者カダフィ大佐と直談判して、解放に一役買っ

Chapitre 2　各部屋に遣る歴史の面影

たが、今後、大統領夫人として外交分野で活躍するかどうかはまったく不明だ。サルコジが失脚するとすれば、それは「セシリア」ともいわれるが、さて……。初代の正妻がこの館に住まなかった後遺症が、歴代の大統領夫人に影を落としているのかもしれない。

パーティーは語る

エリゼ宮への招待客は通常、共和国衛兵が不動の姿勢で立ち番をしている正門から入る。門の脇には「名誉の守衛所」があり、守衛が訪問者のチェックを行う。ここを通過すると中庭がある。エリゼ宮の最重要式典の大統領の権限移譲式をはじめ、公式レセプションや首脳級の会談が行われるときは正面玄関に向かって赤絨毯が敷かれる。

革命記念日の7月14日には共和国衛兵によるブラスバンド隊が演奏する中、慣例のガーデンパーティーに招待されたフランスの政経官の代表や各国大使、マスコミ代表などがこの絨毯の上を進む。主役はこの日の午前、シャンゼリゼ大通りで軍事行進に参加した制服姿の陸空海の軍人たちだ。

革命記念日の軍事行進開始前に
コンコルド広場に向かうサルコジ大統領

模擬店の並ぶエリゼ宮の庭園
(2007年7月14日 上写真も同)

ジャック・シラクが大統領に就任した1995年には、パリ郊外の移民地区などからの代表を含む若者も多数招待された。庭園から館内まで各地方ごとに設えられた屋台は、まさに3度目の挑戦で大統領に就任したシラクの歓喜を象徴するような大盤振る舞いだった。フォアグラ、カモのコンフィ（カモなどの肉をその脂に漬けて保存したもの）、牛肉の名産地シャロレの骨付きアバラ肉、各種デザートなどの御馳走は、「ガルガンチュア」（16世紀の作家、ラブレーの作中の巨人で大食漢）の異名を取る大食漢の大統領にふさわしい祝宴だった。

以後、毎年、招待客が増え続けたため、正門と横のマリニー大通りにある門から入るなど二手に分かれる場合が多くなった。95年に大相撲一行が相撲ファンのシラクに招待されてエリゼ宮のレセプションに出席した時も、この横手の門から入った。この時はレセプションに招待されていないエリゼ宮の役人たちが、紋付き袴に威儀を正した力士たちをひとめ見ようと、窓という窓からのぞいていた。横門から入場したのは観光客も多いフォーブール・サントノレに面した正門から入った場合の混乱を回避する目的もあったはずだ。

エリゼ宮の招待客をまず、迎えるのは正面玄関にあるダルマン作の彫刻作品「フランス共和国への敬意」だ。白大理石で作った旗が200本、帆掛け舟のような形で収められている。

この正面玄関からエリゼ宮最大の間「祝祭の間」との間に、「タペストリーの間」がある。

飾られた縄文式土器

エリゼ宮が正式に大統領府となった第3共和制時代（1870～1940年）の大統領フェリックス・フォール（在位1895～99年）の時代に大統領府にふさわしい作品として17、18世紀製作の3枚のタペストリーが飾られたことにちなんで命名された。

タペストリーに描かれている古代ローマの貴族スキピオ一家の物語は、フランスの権力の象徴であるエリゼ宮を飾るのにふさわしい。一家が北イタリアに侵入したカルタゴの将軍ハンニバル（紀元前247～前183年）の軍と勇壮に戦った物語は、敵に対してはあらゆる手段に訴え、全力を尽くして権力を擁護する、との教訓にほかならないからだ。

エリゼ宮での最大の催事である7月14日の革命記念日のガーデンパーティーと並んで、大統領主催による各国の首脳たちとの夕食会や昼食会も重要な行事だ。

シラクが親日、知日家であることはよく知られているが、就任直後の95年6月にカナダで開催された主要国首脳会議（ハリファクス・サミット）からの帰途、やはりサミットに出席した当時の首相、村山富市らをエリゼ宮に招いて日仏首脳会談を開いた。会談後の昼

食会には同行の河野洋平外相、橋本龍太郎通産相らも出席したが、部屋にはギメ国立東洋美術館から特別に貸し出された縄文式土器の深鉢や埴輪、江戸時代の一双の「誰が袖屏風」が展示された。

フランス外交筋によるとこの時の話題は、古代史から蒙古襲来、ジンギスカンと義経との関係、没後三〇〇年の芭蕉の俳句までと縦横無尽だったという。シラクは2度の蒙古襲来の年まで暗記していたが、村山や同席した松浦晃一郎・駐仏日本大使は下を向くばかり。豊富な話題についていけたのは読書家の橋本だけだったといわれる。

シラクは2006年7月1日の橋本死去の報に声明を発表し、日仏関係に尽力した功績のほかに、「文化の人」との言葉をわざわざ使って、その教養の深さをたたえた。フランスでは何よりの褒め言葉だ。

シラクは、橋本が98年7月の参院選で自民敗北の責任を取って辞任したときも訪仏をうながし、日仏対話フォーラムの共同座長に就任を要請。橋本が力を入れた2003年3月の京都での「水フォーラム」にも出席予定だったが、イラク戦開戦時と重なって欠席したのを残念がっていた。

シラクはサミット出発の当日に核実験再開を発表し、日本をはじめ世界から非難を受けたが、唯一の被爆国日本はサミットでもこの首脳会談でも抗議らしい抗議は行わなかった。

知日家、親日家を前面に押し出したシラクに完全にしてやられたと言える。

シラクがこの時、蒙古襲来に言及したのは、「神風」の吹く日本の安全保障とヨーロッパ大陸の安全保障の相違を強調したかったのかもしれない。100年間に3度ドイツと交戦するなど1000年にわたって欧州大陸の中央で戦いに明け暮れながら曲がりなりにも大国の地位を保持してきたフランスの国家元首として、地政学的関心があったはずだ。

シラクは事実、核実験再開に当たり何度も、「核抑止力」の重要性を強調した。この認識は、後の50年間平和が保持できた」と指摘し、「核抑止力」のおかげで欧州大陸は第二次大戦後の50年間平和が保持できた」と指摘し、核兵器を推進して1966年に米国支配の北大西洋条約機構（NATO）から脱退したドゴールの正統後継者を自任していたシラクに限らず、当時、ごく一部の環境政党など少数派を除く国民の一般的認識だった。

シラクは96年11月、大統領就任後、国賓として日本を初訪問した。日仏首脳会談などの公式行事を終了後、九州に飛んで大相撲の九州場所を観戦した。大相撲への関心もさることながら蒙古襲来の現場を見たいとの希望があったからだが、これは時間の制限があり実現しなかった。

家具はすべて略奪

エリゼ宮は2代目住人のポンパドール侯爵夫人の死後、愛人のルイ15世が買い取り、銀行家のボージョンに転売した。銀行家はさらに1786年にルイ16世に転売した。フランス革命勃発の3年前だ。

ルイ16世は祖父のルイ15世同様にエリゼ宮を外交団の迎賓館に使用するつもりだったが、いとこのルイーズ＝バチルド・ドルレアン侯爵夫人が住居を探していたので87年7月に彼女に売却した。多額の代金は89年1月までに支払う約束になっていたが、代金が支払われたのは革命中の90年3月だ。

ルイ16世は93年1月21日に断頭台の露と消えたので、この代金はいったい何に使われたのだろうか。

ドルレアン侯爵夫人はエリゼ宮を購入したころ、夫のブルボン侯爵とは別居中だった。密かに愛人との間に娘ももうけていた。エリゼ宮の初代住人のエヴリュ伯爵夫人も不実な夫と別居後、子供を2人出産したことを考えると、エリゼ宮の家相は女性にとって複雑な家相といえそうだ。

ルイーズ＝バチルドはフランス王家の一族であるため、それまで「エヴリュ館」とか銀行家の名を取って「ボージョン館」と呼ばれていた館を自分の居城にふさわしく、「エリゼ・ブルボン宮」と名付けた。この時から「エリゼ宮」がこの館の正式名称になった。「エリゼ」は、「エリゼ（ギリシャ・ローマ神話の極楽の名前）の野」の意味があるシャンゼリゼ大通りに隣接しているところからの命名であることは前述した。

彼女は当時の風習通り、この館でサロンを開き、多数の自由主義者や神秘学者を迎えて支援した。この中に「無名の哲学者」の貴族、ルイ＝クロード・ドサンマルタンがいた。彼は彼女の愛人だったとの説が有力だ。

彼は本職は軍人だったが神秘学やカバラ（ユダヤの神秘説）を学び、彼女にも自分の思想を説いて止まなかったといわれる。その思想を端的に要約したのが「自由、平等、博愛」だった。この言葉は後にフランス共和国の名高いスローガンになった。世界史にもフランスの歴史にもほとんど名をとどめない無名の2人の男女は館の命名と共和国のスローガン作りという2点で、後世に大いに貢献したことになる。

彼女が迎えた客の中には、夫と別居して暮らしていた息子もいた。毎日のように昼食に招いた若くて美男の息子こそ、バスチーユ監獄が解放されて革命が勃発した7月14日の翌日に亡命し、祖父コンデ公の組織した亡命貴族軍を指揮したアンギアン公爵である。

彼はブルボン家復活を恐れたナポレオン・ボナパルトの命令で１８０４年に逮捕され、ヴァンセンヌの監獄に送られ、処刑された。ナポレオン自身が後にエリゼ宮で廃位の署名をしたことを考えると、エリゼ宮は男性にとっても複雑な家相といえそうだ。

ルイーズ＝バチルドの兄はルイ16世の処刑にも賛成したが、結局は革命裁判で処刑された。彼女もルイ16世の処刑後、逮捕されるが、兄が処刑された翌日、エリゼ宮など全財産を革命政府に寄付することを申し出て免訴を請願した。しかし全財産を没収され、断頭台に送られるところだったが、運よく、総裁政府が樹立され、処刑だけは免れた。彼女がドサンマルタンらとともに荒れ果てたエリゼ宮に帰還したのは革命も収まった１７９７年１月だが、家具はすべて略奪されていた。

人気のダンスホールに

そのころ、革命騒動で一躍、成り金になったベルギー出身のオーブン夫妻がパリの高級住宅地という条件で貸家を探していた。没落貴族になったルイーズ＝バチルドはさっそく、一家がエリゼ宮の２階と庭を使用することを条件に、この夫婦に１階だけ貸すことを決め

た。

この辺りの彼女の身の処し方はしたたかである。フランス貴族として、どうやったら王政や自分の血筋を絶やすことなく存続させるかという本能はもとより、女性として単に男性に庇護されることなく自分のサロンを開き、学者や芸術家のメセナになるという経験が、こういう時に知恵と才覚になって発揮されたのかもしれない。

多額の家賃のほかに家具の貸し賃も徴収した。一方、この成り金夫婦の方もフランスのブルジョア階級的したたかさを発揮した。彼らの一人娘の強い要求もあったのだが、高額な家賃の助けにと、住居の一部をダンスホールとゲーム場に改造する決意をした。経済感覚も時代感覚も発達していたルイーズ゠バチルドは、この夫婦がさらに改造代を支払うことを条件に、この突飛な申し出に同意した。当時、パリではダンスホールが大流行の兆しをみせていたからだ。

かくてエリゼ宮は1797年6月21日、ダンスホールとして正式にオープンした。入場料は相場の3倍だったが、ポンパドール侯爵夫人や王族の一族の住居という宣伝効果もあって連日、満員の盛況だった。

この客の中に、革命時代の呼称に従い、「シトワイエンヌ（女市民）ジョセフィーヌ・ボナパルト」と名乗る客がいた。セクシーで人目を引く派手な美人だったので、客の間で注

目的になった。

そのうえ、ジョセフィーヌはイタリア遠征中の夫を忘れたかのようにハンサムな大尉たちと踊り興じたので、口さがないパリっ子の話題をさらってもいた。彼女が前年の1796年に再婚したこの夫こそ、イタリア遠征軍総司令官のナポレオン・ボナパルトだ。

ナポレオンは彗星のように突然、強い光を放って登場し、次々に武勲を立てたため、その名はパリの社交界にまで聞こえ始めていた。一方、彼女はナポレオンとの再婚前からオデオン座やリシュリュー邸で催された舞踏会など「当時、人気のあったあらゆる場所で見受けられた」。

換言すれば、ジョセフィーヌの姿が見えるところは、パリで人気のある場所、流行の場所とお墨付きがもらえたわけだ。エリゼ宮もジョセフィーヌの登場によって人気社交場としての箔を付け、財政的にも安定しはじめた。

ルイーズ=バチルドの人生もこれで安泰だと思われたが、生き残りの王党派がちょっといい気になりすぎたのだろうか。1797年9月13日、総裁政府から国外追放の処分を受けた。総裁政府がブルボン王朝に代表される王族は危険だとの結論を下したので。

彼女は革命後、たった2年だけ住んだエリゼ宮を2台の大型馬車とともに涙にくれながら後にした。彼女が再度、この館に戻ってくるのは、1814年の王政復古後である。

102

「食事付きの私室」あり

家主のルイーズ＝バチルド・ドルレアン侯爵夫人が追放された後も、オーブン夫妻の方はせっせと商売に励んだ。

コンサートを開いたり、マリオネット（操り人形）劇を上演したり、果てはアイスクリーム店を出したりした。革命の際に略奪から免れたエリゼ宮の蔵書を利用して図書館も開いた。年間約300冊が男性に、約150冊が女性に貸し出されたとの記録がある。

しかし夫婦の順風も長くは続かなかった。総裁政府が1798年3月、この館を没収して新たな家主となったからだ。当時、すでに王朝時代の通貨リーブルに代わって新たな貨幣単位フランが登場していたが、総裁政府が設定したエリゼ宮の売却価格は高すぎた。十分な資金がない夫妻は泣く泣く購入をいったんはあきらめたが、3人の資金提供者を見つけ、他の人に売られたエリゼ宮を共同所有者になって買い戻した。

庭園の小川をプール仕立てにして子供の水浴び場に改造するなどさまざまなアイデアを考え出したが、中でも傑作は「食事付きの私室」だ。いわくありげな部屋の使い方を示唆した広告も出したので、この商売は大成功し、利用者も多かった。

Chapitre 2　各部屋に遺る歴史の面影

ただ、派手な宣伝がたたって総裁政府ににらまれ、次第に人足が遠のいた。夫妻がマリオネット遣いのリビエにエリゼ宮を売却したのは1798年6月だ。リビエは仮装舞踏会などを開催して景気回復に努めたが、いったん、客足が遠のいたツケは大きく、効果は上がらなかった。

それで、「食事付きの私室」を復活させたが当局からたちまち目をつけられ、何度か勧告を受けた。すっかり嫌気がさした末に、アイスクリーム屋のヴェロニに売却した。

こうしてエリゼ宮は転売に転売を重ねた末に、かつてエリゼ宮の庭園で遊んでいたオーブン夫妻の娘リエヴィヌが1803年12月、亡き父親に代わって、館の一部を買い戻した。このころになると英国との七年戦争もやっと和平条約が結ばれ、英国人旅行者が英仏海峡を渡って、このダンスホール兼アイスクリーム店兼男女の交際場までやってきた。

しかし売り上げの方は相変わらずパッとしなかった。商才のあるリエヴィヌは利上げの少ないアイスクリームのほかに、アルコールとフリット（ジャガイモの揚げ物）を売り出すことを考えつく。

フリットは故郷ベルギーの代表的食べ物だ。多分、亡き父母の故郷へのノスタルジーもあったのだろうが、エリゼ宮に極めて庶民的なジャガイモの揚げたにおいが漂う結果となった。しかし何をやってもあまり収益につながらず、ついにこの広大な館を15に区切って

「ブルジョア風アパート」として貸し出すことにした。王侯貴族の住居「エリゼ宮」との宣伝が効いたのか、借り手はすぐに見つかった。

借家人の中で注目されたのがルイ13世の宰相リシュリューの甥でルイ王朝時代の宮廷貴族の代表だったリシュリュー公爵の未亡人だ。彼女は35歳の時、84歳の公爵の3番目の妻となった。公爵はエリゼ宮の2代目の住人ポンパドール侯爵夫人の批判を先頭に立って行っていたので、生きていたらエリゼ宮に自分の妻が住むことを許したかどうか。

詩人ヴィニーも借家人

しかし、アパートの借家人の中で最も有名な人物は革命で没落したレオン・ド・ヴィニー伯爵夫妻、というより、その幼い息子のアルフレッド・ド・ヴィニー（1797〜1863年）といえる。長じてロマン派の代表的詩人となった。

伯爵夫婦は2階の3部屋を借りた。軍人の伯爵は七年戦争の時の負傷と後遺症の痛みで体を半分に折り曲げていた。伯爵夫人はすでに息子3人を七年戦争などで失っていたので、後に詩人となるこの4番目の幼い息子だけは丈夫に育つようにと、当時、一部で流行し始

めていたジャン゠ジャック・ルソー式の教育、つまりスパルタ教育を授けた。

ヴィニーは後に、エリゼ宮の庭園を流れる小川などを利用して、冬場でも半裸で水浴びをさせた母親のスパルタ教育の様子を記している。少年は軍人の父親にならって——というより、当時の少年がみんなそうだったように、英雄ナポレオンに憧れ、砲兵将校を夢見てナポレオンが創設したポリテクニック（理工科学校）に一八一四年に入学した。同校は現在でも理科系の秀才校として知られ、第五共和制の大統領の中ではジスカールデスタンが同校と国立行政学院（ENA）の両方を卒業している。財界人にも卒業生が多く、その一人がカルロス・ゴーンだ。

同校の起源が士官学校だったことは、毎年七月十四日の革命記念日にシャンゼリゼ大通りで展開する軍事行進に、金ボタンの制服にナポレオンの三角帽に似た制帽をかぶった学生が行進する姿からも伺える。ナポレオンの帝政はヴィニーが入学した年に崩壊したが、ヴィニーは旧貴族ということで同年、ルイ18世の近衛騎兵隊に少尉として入隊した。

ルイ18世はルイ16世の実弟だ。革命中にベルギーを経てドイツに亡命し、亡命貴族と生活を共にしたが兄が断頭台の露と消えたのち、兄の次男で甥に当たるルイ17世も死んだので、ルイ18世を称した。ルイ17世は父や母マリー・アントワネットとともにタンプル獄に幽閉され、父親の死後、亡命貴族から国王に指名された。しかし、革命政府の命で靴屋に

ナポレオン義弟の館に

ナポレオンの義弟ジョアキム・ミュラが「ブルジョア風アパート」になっていたエリゼ

引き渡され、監視と虐待の中で病死した。10歳で亡くなった少年に関しては、死後も生存説が根強く流れ、彼の名を騙る多くの王位継承者が登場し、歴史家や庶民の興味をそそった。

ヴィニーは、こうした激しい時代の流れとともに生きたせいか、歴史小説「ステロ」や散文史劇「アンクル元帥夫人」「詩人の日記」などには詩人というより思想家の面もみられる。エリゼ宮で暮らした少年時代の思い出として、1804年3月21日の忘れがたい事件も記している。老いた父親が「皺の間に涙をためた恐ろしい顔」でやってくると、十字架を取り出し、幼い息子をひざまずかせ、一緒に祈るようにと命じた思い出だ。この日の早朝、アンギアン公爵の処刑が執行されたのだ。

16年前、エリゼ宮の所有者だった母親のところに毎日のように昼食を取りにやってきた青年貴公子がエリゼ宮を再訪する機会は、これで永久に失われた。

宮を買ったのは1805年8月6日だ。ナポレオンは前年の1804年12月2日に帝位に付き、イタリア王も兼任するという権力の絶頂にいた。ナポレオンは妹カロリーヌを溺愛していたので、その夫にエリゼ宮の購入費として95万フランを前貸ししたと伝えられている。現在の価格に換算するのは難しいが、当時、元帥だったミュラにも手が出せない金額だったことは確かだ。

ナポレオンが一方で、パリに適当なレセプションの場を探していたのも事実だ。副官としてナポレオンに仕えていたミュラは主人の意図を直ちにくみ取り、エリゼ宮の改造に乗り出した。なにしろ、15に区分けされてアパートとして貸し出されていたので、かつての豪勢な館の面影は失われていた。

ミュラが選んだのは後にマドレーヌ寺院の設計者として歴史に名をのこすバルテルミイ・ヴィニョンである。改造工事は1806年の年頭に始まり、同年11月に完成したとみられる。改造工事費は館の購入費を上回る98万フラン、家具類には39万フランが費やされたとの記録が残っている。同年12月にはミュラ夫妻による初のレセプションが開かれた。

パリでは毎週、月曜日に、ナポレオンの義理の娘のオルタンスのレセプションが行われていた。ナポレオンの妻ジョセフィーヌが最初の結婚で生んだ娘だ。この娘は後にナポレオンの弟と結婚してオランダ王妃になった。一方、カロリーヌのレセプションは、毎週、

金曜日に行われた。肌もあらわな彼女のローブデコルテ姿はパリ名物になり、パリっ子たちは、その肌を「バラの花が凍ったような白いサテン」と評して称賛した。もっともカロリーヌには、「ヴィーナス（美神）の肩の上に（策略家の）マキャベリの頭を乗せた女」との評判もあり、油断のできないところがあった。彼女の夢はフランスの「女王」になることだった。兄の方がその点、よほど純情だったといえる。そして、自分が「女王」になる最短距離は、皇帝、つまり王であり兄であるナポレオンを亡き者にして、義弟である夫にその地位を継がせることだと考えていた。

それには、まず、兄を危険で戦死する可能性の高い戦場に送り出すことだとの結論に達した。それにはまず、軍部の協力が不可欠というわけで、当時のパリ軍司令官ジュノを味方にするため、ベッドに引き入れた。ジュノはイタリア戦線、エジプト遠征でナポレオンの幕僚や師団長を務め、１８０６年にはパリ軍司令官になっていた。カロリーヌはパリ郊外の別邸マルメゾンの館からエリゼ宮に馬車で帰る時、招待していたジュノ夫妻を自分の馬車に無理に同乗させた。そしてエリゼ宮に到着すると、中庭にジュノの妻ロールを待たせたまま、ジュノを強引に自分の寝室に案内した。

カロリーヌの野望

しかし、2人の情事は短期間で終わった。戦線から戻ったナポレオンが、情事に有頂天になっていたジュノの態度に腹を立て、仏南西部のボルドーに左遷したからだ。ジュノは英国のウェリントン公との戦いに敗れてポルトガルに撤退し、最後は精神錯乱になって自殺した。

この情事には後日談がある。カロリーヌはジュノが去った後、当時のオーストリアの駐仏大使メッテルニヒに白羽の矢を立て、夕食会に招待した。彼女は香料入りのロウソクを灯し、芳香を放つ20本の花で食卓を飾ってムード作りに精を出すが効果はなかった。メッテルニヒは同席したジュノの妻ロールに夢中だったからだ。カロリーヌは「兄がオーストリアを征服するためには6万の大軍が必要だ」と述べ、オーストリア征服の困難さを強調したが、夫を取られたロールがカロリーヌに復讐した、という説が専らだ。

このメッテルニヒこそ、ダンスパーティーを何度も開いて「会議は踊る」と言われたウィーン会議（1814～15年）で議長を務め、ヨーロッパの新秩序の形成に努めたあのメッテルニヒである。

彼はカロリーヌの招待を受けたころ、巧妙な外交を駆使してオーストリアがナポレオンとの戦争に巻き込まれることを極力避けている最中だった。しかし、1813年、ついにロシアと組んでナポレオンと対峙した。策略家という点では、カロリーヌなど足元にも及ばない巧者である。

カロリーヌは結局、1808年7月15日に野心の一部を実現させる。ナポレオンがミュラをナポリ王に任命し、晴れてナポリ王妃になったからだ。

ナポレオンは遠征の合間や政務に疲れた時にエリゼ宮にしばしば宿泊し、仮装舞踏会にも出席した。こうした時のナポレオンは、すっかりくつろぎ、「来世は羊飼いになりたい」との夢を語った。ミュラは「ベニスのゴンドラの船頭」で弟のジェロームは「アムステルダムの洗濯屋」、兄のジョゼフは「パリ郊外サンリスのブルジョアでもう一人の妹のポリーヌはヴァンセンヌの花屋といったぐあいだ。彼らのその後の運命を考えると、このたわいない夢が何ともいえない悲哀を誘う。

ミュラはナポリ王に任命された時、ナポレオンから1つの条件をつけられた。家具付きのままのエリゼ宮を含む全財産をフランス国家に移譲することだ。ナポレオンの方はエリゼ宮への出入り権を保持した。もっともミュラはナポレオンが受け取るナポリの年間地代の半分を見返りに得たので、そう悪い話ではなかった。家具などが国家に移譲された結果、

Chapitre 2　各部屋に遺る歴史の面影

ミュラ夫妻が買い集めた丸テーブルや金箔の取っ手付きのマホガニーの盆などの家具が離散せず、現在もエリゼ宮で使われているほか、理工科系のエリート校、エコール・デ・ポン・エ・ショセ（土木学校）をはじめ、ベルサイユ・トリアノン宮殿やマルメゾン宮殿にも長椅子やテーブルが保存されている。

皇帝ナポレオン入居

　ナポレオン・ボナパルトが正式にエリゼ宮を住居の一つに加えたのは1809年3月である。妹のカロリーヌとナポリ王となった義弟のミュラがナポリに出発した後、エリゼ宮には08年11月に妻のジョセフィーヌと、義妹のオルテンスが住んだ記録がある。ナポレオンは前年07年5月から始まったスペインでのフランスに対する蜂起の半島戦争が片付き、スペインから帰還した時、テュイルリー宮やサンクルーの館とともにエリゼ宮にも住むことを決めた。38歳だった。
　ナポレオンが生涯に遺した膨大な作品である書簡、歴史研究書、小説、口述、命令書の中から選出して、名著「ナポレオン言行録」を発表したオクターブ・オブリは、ナポレオ

ンの生涯を要約して、「25歳にして有名であり、40歳にして一切を所有し、50歳にして、もはや名のほかに何ひとつ持たなかった」と記したが、ナポレオンのエリゼ宮入りは、まさに生涯の頂点に当たる。04年に、「フランス人民の皇帝」に選出されたナポレオンはアウステルリッツの大勝（05年）、神聖ローマ帝国の解体、ベルリン占領（06年）、フリートラントの戦勝（07年）、そしてエリゼ宮入り後のワグラムの大勝（09年7月）と大勝が続き、破竹の勢いだった。

私生活の面でもエリゼ宮入りした年の12月にはジョセフィーヌと正式に離婚し、翌10年4月にはオーストリアの皇女マリ＝ルイーズと挙式をあげるという、絶頂期にあった。エリゼ宮入りした09年は、エリゼ宮の歴史にとっても記念すべき年となった。この時、初めて国家元首の住居となったからだ。名称も「エリゼーナポレオン」となり、正門にこの新名称が掲げられた。

しかしナポレオンは軍人らしく生活態度はいたって厳格だったので、費用のかかるエリゼ宮の内装には手を付けなかったので、変更したのはこの表札だけだった。

代々の住人たちが自分の嗜好などに合わせて家具調度類を入れ替え、改装に精を出したのに引き換え、ミュラ夫妻の使った家具調度類をそのまま引き継ぎ、妹のカロリーヌが使用した庭に面する目立たない側面の部屋を自室にした。ジョセフィーヌは離婚まで2階の

Chapitre 2　各部屋に遺る歴史の面影

ミュラの寝室を自室にしたが、エリゼ宮を去るに当たって、ナポレオンから贈られたルネサンスの宗教画の大家フラ・バルトロメーオなどイタリア絵画26点やエトルリアの花瓶、5枚の絨毯(じゅうたん)やその他の高価な品物を持ち去った。

しかし愛用していた書き物机や整理ダンス、虫メガネ、マホガニー木目や黒檀の家具はそのまま残して去った。これらの家具は06年にパリ市からナポレオンに贈られたもので、新婦のマリ゠ルイーズがそのまま使用した後、現在はジョセフィーヌが離婚後から14年5月に死去するまで住んだパリ郊外マルメゾンの館に保存されている。

「行動の詩人」

ジョセフィーヌが移り住んだパリ郊外のマルメゾンの館は、ナポレオンが戦地にある間に彼女自身が購入したものだ。しかも、ナポレオンと1800年から03年まで仲睦まじく暮らした思い出の館だ。

ナポレオンは09年にエリゼ宮を購入して公邸の1つに加えたが、公式記録によるとエリゼ宮を公邸とすると署名したのは12年2月だ。ナポレオンが当時のエリゼ宮に言及した文

章がある。モスクワ遠征中の12年9月18日にマリ＝ルイーズに出した手紙だ。

「この都（モスクワ）にはエリゼ宮に劣らず立派な、信じられないほどの贅を尽くしたフランス風の装飾のある550の宮殿と、いくつかの皇居と兵営、豪奢な病院があった。ところが、みんな無くなってしまった……総督とロシア人どもが、戦いに敗れたのに憤って、この美しい都に火を放ったのだ」

このモスクワ遠征はナポレオンの失脚を招いてエルバ島に追放される原因となったが、「20万の善良な住民は絶望に陥り、街上に投げ出されて悲惨を極めている」とも書いている。ナポレオンを天敵とする英国の詩人クーパーはナポレオンを「諸国民に災いをもたらした史上最悪の怪物」と呼んだ。やはり英国人の歴史作家キース・アディは著書『ナポレオン』の中で、「略奪を事とし、現地の人々の人格や持ち物ばかりか、聖なる宝物を納めた尊い修道院もないがしろにしてやまない侵入者」と糾弾している。

しかし、ナポレオンの文章からうかがえるのは、野卑な征服者の姿より、むしろ「行動の詩人」という呼び方が似つかわしい。ナポレオン自身も、「私が権力を愛するのは芸術家としてなのだ」と語っている。

ナポレオンに関する書物は、「彼が死んだ日から書かれ始めた」と言われるように、その数は死後、約200年で「40万冊以上」（仏歴史作家マックス・ガロ）が出版されている。

Chapitre 2　各部屋に遺る歴史の面影

絵画もキリスト像に次いで多いといわれるが、ナポレオン自身が遺した膨大な書簡、歴史的研究書、小説、論文、命令書などの作品は、文章家としてナポレオンに高い評価を与えている。

ナポレオンの読書好きはよく知られるところだ。貧乏学生だった兵学校時代はもとより、砲兵連隊時代は「本屋の店を食いつぶすほど読書三昧にふけった」といわれた。遠征中の野営の宿舎でも読書をしていたといわれる。

下級将校時代に軍隊で24時間の謹慎を命じられた時、東ローマ皇帝ユスティニアヌス（483〜565年）の「ローマ法大全」を読破した。ジャン＝ジャック・ルソーにも一時、傾倒した。兄のジョセフとともにヴォルテール、ミラボー、ネッケルを朗読していたとも伝えられる。軍事書として名著の評が高い「新砲兵用兵論」（シュヴァリエ・ド・テーユ）、「山岳戦原論」（ブールセ）、「戦術総監」（ギベール伯爵）を、細かくノートを取りながら読んだ、という記録もある。

「兵士よ、政府は諸君に負うところが多く、しかも何一つ諸君に与えることはできない。私は諸君を世界一の沃野に誘導しようと思う」——イタリア遠征の出発に際しての演説「兵に告ぐ」は、中でも名文として評価が高い。

「人気とは何か」

ナポレオンがまだ砲兵将校にすぎなかったころ、仏中部リヨンの学士院に提出した論文にも名文家ぶりが忍ばれる。

その一節にこうある。「天才とは、おのが世紀を照らすために燃えるべく運命づけられた流星である」。この文章があまりにも名文で強烈な印象を与えたので、ナポレオンが「野心家」のレッテルを張られる最大の理由にもなった。

戦役中も、「イタリア軍時報」「エジプト時報」を発行しており、ジャーナリストとしても一級だったことを示している。ナポレオンが創設し、自ら編集長も務めた官報「ル・モニトゥール」紙上で、さんざんに批判、非難されたイギリス人はナポレオンをアジテーター、プロパガンダの名人と呼ぶが、政治家として大衆の心を把握する術を極めて正確にとらえていたともいえる。

エルバ島では、王政復古したブルボン家の失政が満載された新聞を読みながら、「奴らは大衆が何を想像しているかについて話すことを知らない」と軽蔑（けいべつ）していた。

一方で、「人気とは何か」について書き、「威厳をもって人民に仕えるべきであって、

Chapitre 2 　各部屋に遺る歴史の面影

汲々として人民の歓心を買おうとしてはならない」とも述べている。ナポレオン信奉者で、「ナポレオン言行録」を上梓するため、ナポレオンの文学を徹底的に研究したオクターヴ・オブリは、ナポレオンの文人としての面を強調する。それと同時に野心家説を否定し、「このフランス人は祖国の第1の奉仕者にほかならなかったしそれ以外の者でありたいとは決して思わなかった」と、愛国者説を取っている。

オブリがこの文章を書いたのは第二次大戦中でフランスがドイツ占領下にあった1941年だ。オブリはドイツ占領下だからこそ、ナポレオンの言行録を記すことで、フランスの運命と自らを奮い立たせていたといわれる。

オブリは、「世界が危機に瀕しているこの悲劇的な時代にも、生え抜きのフランス人には1つのなぐさめが残っている。それは過去を思い、どんな逆運にも傷つけられない栄光にわれわれの魂をひたすことである……われわれを最も力づけてくれるかもしれないのはおそらく、ナポレオンであろう」とも書いている。

一方、1943年にやはりドイツ占領下で「ナポレオン」を上梓した歴史家アンリ・カルヴェは、「真の偉人の資格をなす正義とヒューマニティーについての配慮を欠いた」と、ナポレオンを厳しく断罪した。カルヴェは当時ソルボンヌ大学の講師だった。ナポレオンの栄光と没落を検討することで、ヒトラーの独裁政治と軍国主義が長く続くはずはないと

し、オブリとは反対の結論を引き出している。

それにしても、ナポレオンほどいわゆる毀誉褒貶が激しい英雄はいない。仏国内でも「革命の継承者かそれとも簒奪者(デスポート)か」「コルシカの食人鬼か攻撃の的になった君主か」「欧州統合の先駆者かナショナリストの生みの親か」「厳格な行政者か全体主義的独裁者か」などと、機会あるごとに繰り返し論じられている。

しかし、多くのフランス人にとってこうした議論はどうも、ナポレオンを肯定するための方便にすぎないような気がする。

英雄か征服者か

ナポレオンの生誕200周年に当たる1969年や、ナポレオンが初の大勝利を挙げたイタリア遠征からパリに凱旋した200周年の1997年、あるいは「ブリュメールのクーデター（1799年11月9日）200周年」の1999年秋にもフランスでは何回目かのナポレオン・ブームが起きた。そして、その度に、「英雄か征服者か」の議論が沸騰した。

歴史作家マックス・ガロが1997年に上梓した大書「ナポレオン（全4巻）」が大ベス

トセラーになった時もナポレオン・ブームが到来した。この時は欧州主義者のガロがナポレオンを「欧州統合の先駆者」として描いたこともあり、反論として欧州征服を試みた「ヒトラーの前兆」などの議論も盛んだった。

ガロは筆者との会見で当時、「ナポレオンを振り返ることなしにフランスの歴史も欧州の歴史も考察できない」とし、欧州全体の歴史の中でのナポレオンを描くことが同書のテーマだったことを明らかにした。

ナポレオンの遠征に関しても、「フランス革命の自由、平等、博愛の精神を欧州に拡散することで、フランスのアイデンティティーを確立すると同時に一種の欧州建設を試みた欧州主義者」とも定義した。

これに対し、哲学者のロジェ・カラティエは、「ナポレオンはヒトラーの前兆。上昇志向は仏国家への貢献ではなく、個人的野心のため」と断定。ナポレオンにフランスへの愛国心がなかった例証として、ナポレオンがコルシカ島の小貴族の出身であることやロシア遠征で80万の兵士のうち、帰還者が3万にすぎなかった点を挙げている。

確かにナポレオンが生まれる直前までコルシカ島はイタリア領だったし、多数の兵士を犠牲にしたことも事実だ。しかし、どうやら、説得力には欠けたようだ。当時の世論調査では、フランス国民の70％がナポレオンを肯定するという結果が出た。

一九九九年の「ブリュメールのクーデター200周年」の時には、フランスの新聞雑誌がこぞって特集を組んだが、この時はナポレオンの執政政治の樹立はフランス革命の精神と共和制を存続させたという観点からナポレオンを再評価する論が支配的だった。

この、ナポレオンは「革命の子」という視点は新しいものではない。かのカール・マルクスも著書『ルイ・ボナパルトのブリュメール18日』で、ナポレオンと甥のルイ・ナポレオンの際立った相違を挙げて比較し、ナポレオンを「革命の子」として評価している。マルクスはナポレオンをカミーユ・デムラン、ダントン、ロベスピエール、サン゠ジュストとともに列記し、「これら昔のフランス革命の英雄たちは自分の時代の課題を成し遂げた」と評価。そのうえでナポレオンについて「解放された国民の工業生産力の使用が、可能となるような諸条件をはじめてフランス国内につくりだした。国境のそとでは、ブルジョア社会にふさわしく時勢に合った範囲で、封建的な諸形態をいたるところでとりのぞいた」と指摘し、革命の達成者、欧州への革命の輸出者との見方をしている。もっとも、いわゆるマルクス主義史観で綴られた日本の第二次大戦直後の権威ある歴史書の編集者たちの大半は、ナポレオンを、彼の「ブリュメールをもって革命は終わった」「軍人独裁の成立をもってフランス革命の幕が閉じられる」という言葉で総括している。

Chapitre 2　各部屋に遺る歴史の面影

200周年の明と暗

2004年12月2日、フランス各地でナポレオン・ボナパルトの帝位就任200周年の記念行事が行われた。メディアも特集を組むなどナポレオン人気の根強さがうかがわれた。帝位についた当日の様子はルーブル美術館に展示されているダビッドの大作「ナポレオン1世の戴冠式」で知られる。この作品はルーブルでは「モナリザの微笑」に次いで入場者の人気を集めている。

ナポレオンは自ら王冠を頭上には掲げてはいないものの、本来なら式典をつかさどるべき教皇ピウス7世が着席して脇役に徹している情景が、見事にナポレオンの「独裁者」ぶりを表現していると指摘されている。

ダビッドが弟子とともに2年の歳月をかけて描いた約200人の人物の中には、フランスの最高章レジョン・ドヌール叙勲者の軍人をはじめ、参事院（法制局と最高行政裁判所を兼ねたもの）役人、破毀(はき)院（最高裁に相当）判事、立法府（議会に相当）議員、知事などの姿があり、ナポレオンがフランスの各制度の基礎を確立した始祖であることを強調している。

革命記念日のガーデンパーティー。
制服姿のポリテクニックの学生たち

ナポレオンが制定した「ナポレオン法典」は、2世紀を経た現在もフランス国民の日常生活の規範の一部を成している。単一通貨ユーロの登場によって欧州中央銀行にとって代わられたもののフランス銀行や会計検査院、県知事制度、エリート校のポリテクニック(理工学院)、レジョン・ドヌール勲章……とナポレオンが創設したもののリストは長い。ナポレオンが決して単なる歴史上の人物ではない点こそ、ナポレオンに関する論議を活発にしているゆえんかもしれない。

帝位就任200周年に比べ、オーストリア・ロシア連合軍を破った「アウステルリッツの戦い」(1805年)200周年の2005年12月2日は寂しいものになった。ナポレオンが「奴隷制度の復活者」として批判される中で、仏政府が公式記念式典を見送ったからだ。

フランスは当時、植民地時代などの歴史見直しに関する事件が続き、ナポレオンもフランス革命で廃止した奴隷制度を復活した人種差別者、民主主義の敵としてグアドループ島など仏海外県やアルジェリアなど旧植民地から盛んに批判が出たからだ。

当時、次期エリゼ宮の住人候補とされていたドミニク・ドビルパン首相は熱烈なナポレオン信奉者で、「百日、あるいは犠牲の精神」などナポレオンに関する著作もあるだけに、仏政府の態度は「フラストレーションと侮辱、憎悪を掻き立てるだけ」(歴史作家マック

ス・ガロ）との批判も聞かれた。

勝利で獲得する平和

ナポレオン・ボナパルトに関する日本の一部の中学生向けの教科書の記述は一様に反ナポレオンだ。背景にはナポレオンを天敵とする英米の影響のほかに第二次大戦後の日本を支配した平和主義もありそうだ。

挿絵には、ナポレオン占領軍に対するスペイン人の抵抗を描いたゴヤの傑作「戦争の惨禍」がよく使われている。血に飢えた「ヒューマニティーのかけらもない侵略戦争」を行った侵略者を説明するにはぴったりだからだ。

こうした権威ある歴史書の編纂（へんさん）者たちの中には、驚いたことに、自由、平等、博愛の革命を礼賛する一方、ナポレオンの戴冠式の場面では、「このコルシカ人の成り上がり者は」という人種差別的表現を平然と使っている者もいる。

独裁者としても、「一定の思想にたつレーニンや毛沢東との決定的な相違点」があると批判し、ナポレオン法典の編纂にしても「彼の寄与は重要とはいえぬ」と決めつけている。

Chapitre 2　各部屋に遺る歴史の面影

こうした第二次大戦後の日本の戦後史観の根本には、ナポレオンが軍人だったという理由も含まれていそうだ。つまり、「軍人、イコール、悪人」という短絡的な発想だ。この見方はドゴール将軍の場合にはあてはまる。

ただ、ナポレオンが単なる戦争好きの侵略者でないことは、一度は追放した思想家ベンジャミン・コンスタンに、自由帝国の構想を持つ憲法付加条項の起草を要請したときに述べた言葉からも察せられる。

「私は平和を願っている、しかるに平和は勝利に勝利を重ねることによってしか獲得できないであろう……私は講和会議が行われていると言わせているが、実はそんなものではない……」

平和がかけ声だけで獲得できるような生やさしいものではないことを示しており、第二次大戦後のフランス安保の要「核抑止力」政策と、基本的に同じ考え方なのが興味深い。「戦争はやがて時代錯誤になろうとしている。われわれが全大陸で数々の戦闘を交えて来たのは2つの社会が対峙していたからである。すなわち1789年からはじまった〈革命〉社会と旧制度とだ。……2つのシステムがある、過去と未来である。何れが勝ち誇るべきであるか？　未来は知性であり、産業であり、平和である。…勝利はいつの日か大砲もなく銃剣もなしに達成されるだろう」

一方、ナポレオンを欧州主義の先駆者とする見方は、欧州統合がすすみ、国家主権や国家としてのアイデンティティの問題など将来の国家像が曖昧になってきたという時代背景と深く関係していそうだ。

永遠の英雄

ナポレオンは帝位についてからは代々のフランス国家元首にならって、テュイルリー宮に居を構えたものの、パリ郊外サンクルーの館を愛し、マリ＝ルイーズと挙式したのもこのサンクルーだった。

エリゼ宮の方は「わが健康の館」と呼び、次第に暗雲がたちこめる帝国の将来に関して沈思し熟考するための時を過ごす安らぎの場所にしていたようだ。

ナポレオンにとってエリゼ宮で暮らした初期のころは家庭的にも幸福であったはずだ。エリゼ宮には1810年に結婚したオーストリアの王女マリ＝ルイーズとの間に生まれた待望の息子がいた。あれほど熱愛していたジョセフィーヌとの離婚理由がなんと、「子供ができない」だったことからも伺えるように、ナポレオンは息子を溺愛し、息子の部屋には、

日当たりの良い3階を選び、部屋のカーテンの色は赤子の目に優しい緑色にした。床には「あらゆるショックの危険」を回避するためにマトラッセ（マットレス）を張り巡らせた。父親としてのナポレオンに関する回避する記録は極めて少ないが、幼い息子と過ごしたこんなシーンの記述が残されている。

赤子が家政婦のモンテスキュ夫人に抱かれてやってくると、ナポレオンが相好を崩して膝に抱き寄せ、息子が小さな手で剣の柄をつかむと、「ムッシュー、まだ早すぎる。大きくなるまで待とう」と満足げに述べたという。

モンテスキュ夫人が赤子は食欲も睡眠も十分に取るが、歯の生え始めのせいか、「最近はよく泣く」と報告すると、赤子に向かい、「泣き顔の王は醜い！」と諫めた。ナポレオンはあるいはこの息子の将来を本能的に危惧(きぐ)していたのかもしれない。

赤子への溺愛ぶりはシャイヨー丘（現在、凱旋門(がいせん)のあるシャルル・ドゴール広場）に息子の居城を建築する計画を立てていたことでもうかがえる。

建築家のピエール・フランソワ＝フォンテーヌはしばしばナポレオンに呼ばれてエリゼ宮を訪問し、庭園を散歩しながらこの居城の改造の相談に乗ったが、その時の様子をこう記述している。「毎回、彼の考察の明敏さや彼の知識の広大さ、正確さに驚かされた」と。

この建築家はルーブル、テュイルリー宮の改装やカルーゼルの凱旋門の建築に当たったフ

128

ランス一の建築家だ。

ナポレオンは新婚の妻マリ＝ルイーズのためにも祭壇を設えるなど小規模な改造工事を行った。1812年4月13日の注文書によると、二重の窓枠と小階段の設置を命じている。窓枠は寒気防止のため、階段は当時の設計図にある皇帝の1階の部屋に直接、通じる階段と推定されている。

もっともエリゼ宮前住者の妹カロリーヌが費やした多額の改造費に比較すれば、皇帝としては小規模な改装だったといえる。カロリーヌは夫のミュラが待望のナポリ王に任命されたのに伴い、ナポリへ去るに当たり、高額の改修費をかけたエリゼ宮を手放すことに不満を漏らしたほどだ。

ナポレオンは生涯の最後に「遺書」と「息子への助言」の2つの文章を残している。前者は最も優れた戦報として知られる。1821年4月17日、息も絶え絶えの中で口述された後者には、父親の情愛とフランスへの愛国の情が溢れている。

「私の死を利用すべきである……爪の先までフランス人であらんことを。……私は死に瀕していた革命を救い、革命の罪悪を清めた……ブルボン王朝は永くはもたないだろう……

私の息子は新しい思想の人間でなければならない……」

この文章を読むと、フランス共和国の国民の大半にとって、ナポレオンが「永遠の英雄」

である理由がよく理解できる。

「わが健康の館」

第二次大戦中に「ナポレオン言行録」を執筆したナポレオンの信奉者オクターヴ・オブリは、ナポレオンに関連し、「聖王ルイ、ジャンヌ・ダルク、アンリ4世、リシュリュー、ルイ14世、大革命、帝政……。どんな国民もこれほど模範的な、これほど希望に輝くイメージを提供するものはない。これらのイメージがわれわれをささえてくれる」と述べている。

この言葉にフランス人とナポレオンの関係が集約されていると言える。ナポレオンがフランス人にとって特別の意味を持ち、故に英国人をはじめナポレオンを敵将とした欧州各国がフランス人がどんなに彼を憎悪したかもこの1点にあるといえそうだ。もっとも外国人の中にもナポレオンの賛美者がいた。ロシア皇帝アレクサンドル1世（1777〜1825年）もその1人だ。

ナポレオンがロシア・プロイセン・オーストリアの連合軍に敗北し、連合軍がパリに入

城したのは1814年3月だった。アレクサンドル1世はプロイセン、英国、オーストリアと組んでナポレオンと戦ったが、2度の対仏戦争（1805、1806〜7年）に敗れ、3度目のライプツィヒの戦い（諸国民の戦い・1813年）でやっと仏軍に勝利した。その結果、ナポレオンが退位（1814年4月6日）して王政復古でルイ18世が即位した後、勝者として1814年4月12日から6月2日までエリゼ宮を宿舎とした。

エリゼ宮に近いシャンゼリゼ大通りには勇猛で鳴らすコサック騎兵が野営し、物見高いパリっ子たちが遠巻きにして彼らの動向を見物した。アレクサンドル1世はフランスの政治家や文人をエリゼ宮に招待したが、作家で政治家のシャトーブリアンやブルボン一族については、苛立ちを隠さなかった。彼らはナポレオンに厚遇されながら、ナポレオンがアンギアン公爵を処刑したことで生涯、ナポレオンを敵視していたからだ。アレクサンドル1世は彼らが帰ると、「私などは毎夜、父君の暗殺者の一人オウバロフと夕食を共にしたものだ！」と叫んで、彼らの寛容のなさをなじった。

そして、ナポレオンに重用された建築家のフランソワ＝フォンテーヌやその協力者のシャルル・ペルシエを呼んでナポレオンがいかに偉大だったかの話を好んでさせたという。

Chapitre 2　各部屋に遺る歴史の面影

百日天下の日々

ナポレオン・ボナパルトがエルバ島に追放された後、エリゼ宮はまた主を失うことになるが、第1次王政復古とともに旧所有者のルイーズ＝バチルドが戻ってきて、姻戚関係もあるルイ18世に正式に返還するようにと申し出た。

もっともいくら王政復古したとはいえ、家屋の所有権の変更は簡単にはいかない。ルイ18世はエリゼ宮の代わりに近くのマチニョン宮と交換する条件を提案した。現在のフランス首相府である。エリゼ宮に比較すると見劣りはするが、バチルドはここは承諾した方が得策と考えたのか、1815年3月5日、提案に同意する書類に署名した。

しかしこの契約文書は結局、反故(ほご)になる。ナポレオンが2月26日にエルバ島を脱出し、ルイ18世は3月19日にテュイルリー宮を後にするからだ。

ナポレオンを乗せたカレーシュ（無蓋の軽四輪馬車）がテュイルリー宮の中庭に突入したのは3月21日夜9時だ。ナポレオンはエルバ島から戻ったこの百日天下の間、妻も息子も去ってしまったテュイルリー宮には1カ月しか住まず、好んでエリゼ宮で過ごした。ナポレオンがテュイルリー宮を嫌ったのは暗殺を恐れたからだとの説もあるが、そのう

わさを否定するかのように、ナポレオンは自ら創設した理工科学校（ポリテクニック）や当時、着手されていた凱旋門の現場を見学するなど、パリにひそかに別れを告げていたのかもしれない。あるいは自分の運命を予感し、パリにひそかに別れを告げていたのかもしれない。

6月12日、ナポレオンは最後の戦争になったワーテルローの戦いに出発した。その前日の夕、エリゼ宮にナポレオンの親族が集まり、最後の晩餐を開いた。

この時、7歳だった甥のルイ・ナポレオンは目に涙をいっぱいためて、伯父に戦場に出発しないように哀願したと伝えられる。

21日午前8時、ワーテルローの戦いに敗れたナポレオンがエリゼ宮に帰還した。「汚れ、やつれ、こじきのようだった」という描写がある。ナポレオンは四輪馬車を降りると、とぎれとぎれにこうつぶやいた。

「軍は驚嘆すべきだった……パニックに捕らわれた……すべてが失われた……ネイ（元帥、1769〜1815年）はまるで狂人のようだった。彼のせいで私は騎兵隊を虐殺してしまった……もはや何もできない……私には2時間の休養が必要だ……」

この時、エリゼ宮には、ナポレオンがエルバ島から帰還した時に任命した40人の侍従のうち3人しか残っていなかった。この3人はいずれもセント・ヘレナ島に同行したモンタランベール、モントロン、そして「セント・ヘレナ日記」の作者、ラス・カーズである。

またこの朝、エルバ島にもやってきた愛人のマリア・ヴァレフスカとその息子のアレクサンドルもいた。この日の正午前に閣議が開かれ、ナポレオンはこう述べて支持を要請する。

「我々の不幸は大きい。私はそれを繕うためにここに帰ってきた。もし国家が立ち上がれば、敵は駆逐されよう。私が祖国を救済するために、一時的な独裁が必要だ。私は独裁を敷くことができると思うが、議会がそれを承認すれば有効であり、より国民的である」

ナポレオン退位に署名

この時、現場にいた思想家ベンジャミン・コンスタンはこう記した。

「もし、エリゼ宮に閉じこもる代わりに国家の代理人の中（議会）に登場するという勇気ある行動を取り、大いなる思い出の行動、切迫した危険な行動（議会の解散）を取ったら多分、（ナポレオンへの）憎悪の感情が拮抗しただろう」と。

弟のリュシアンは議会の解散を勧め、もう一度2人で「あえて」、「ブリュメールの18日」を再現しようとした。しかし、ナポレオンは「あえて」を拒否した。コンスタンはこのナ

ポレオンの選択を正しいと評価したわけだ。

セント・ヘレナ島にも同行し、「セント・ヘレナ日記」を執筆したラス・カーズは後に、22日の早朝からナポレオン帰還を知った群衆がエリゼ宮を取り巻きはじめ、そのうちの何人かは塀を乗り越えて宮殿に侵入し、「皇帝万歳！　われわれを見捨てないでくれ！」と叫んだと記している。

しかし、ナポレオンは群衆の支持を無視し、コンスタンにこう言う。「私が名誉と財宝で埋め尽くしたのはこの人たちではない。彼らは以前も貧困で今後も貧困の中に置き去りにされる。しかし国民意識の本能が彼らを明晰にし、国の声が彼らの口を借りて話しているのだ……だが、私がエルバ島から戻ったのはパリを血の海にするためではない」

ナポレオンはこう言いながら、帽子を床に投げ捨てると、「銀の間」に進んだ。部下のルグノーが、「令息の王冠を救うために皇帝に退位する！」と述べると、ナポレオンは「息子！　息子だと！　何たる妄想だ！　私が退位するのは息子のためではない。ブルボン家のためだ。少なくともウィーンで捕らわれている人たちのためだ」と叫んだ。

午後4時、「フランス国民に告ぐ」を口述させた。「私が国の独立をささえようとして戦争を始めた時、すべての人々の努力と、すべての人々の意志とが結集され、国家機関のすべてが協力してくれることを当てにしていた。そしてその成功を期待する根拠があった。

Chapitre 2　各部屋に遺る歴史の面影

しかるに事情は変わったようだ。私はフランスの敵どもの憎悪に対する犠牲としてわが身をささげる……」

第五共和制の初代大統領としてエリゼ宮入りしたシャルル・ドゴールは、「銀の間」を愛し、訪問者をしばしばここに案内し、設置されたコピー機の上に置かれているこの文書を読ませたという。

ナポレオンは文書を口述させた後、ぐったりとひじ掛け椅子に崩れ込むが、この椅子も「銀の間」に保存されているはずだ。

ナポレオンはこの後、退位の文書に署名した。そして3日間、エリゼ宮に止まり、書類を整理したり焼却して過ごした。

25日、出発の時間を正午と決めながら、少し前に裏門からエリゼ宮を後にした。フォーブール・サントノレに面した正門の方には群衆が集まって「皇帝万歳！ われわれを見捨てないでくれ！」と相変わらず叫んでいたからだ。

ナポレオンは未完成の凱旋門の前を通り、ジョセフィーヌと新婚時代を暮らしたパリ郊外マルメゾンを抜け、それからセント・ヘレナ島に向かった。この日、パリは快晴。強い初夏の日差しが主人を失ったエリゼ宮を照りつけていた。

136

ナポレオン毒殺説

ナポレオンがセント・ヘレナ島に去った後、占領軍としてエリゼ宮にやってきたのは、またしても、ロシアのアレクサンドル1世だった。ナポレオンが去ってから3日後の1815年6月28日からエリゼ宮を占領した。

皇帝主催の晩餐会にはオーストリアの宰相メッテルニヒもやってきた。ナポレオンの妹カロリーヌがエリゼ宮の住人だったころに誘惑したが、効果がなかったあのメッテルニヒだ。

このメッテルニヒが目指したのがウィーン体制だった。「会議は踊る」と言われたウィーン会議の後に結ばれた四国同盟（英国、プロイセン、オーストリア、ロシアが加盟）や神聖同盟を中心に、ヨーロッパをフランス革命以前のアンシャン・レジーム（旧体制）に戻すというのが狙いだ。

フランス国民は革命前のブルボン王家が復活すれば革命の成果である自由、平等、博愛の精神も失われるとあって王政復古を恐れていたが、メッテルニヒは「同盟国は正統な王の支配する旧フランスに敬意を払うだろう」と主張した。

Chapitre 2　各部屋に遺る歴史の面影

フランスはロシア占領下でルイ16世の弟ルイ18世が、ナポレオンがエルバ島に追放された直後の1814年5月に即位し、王政が復古した。フランスの王政復古は、ナポレオンによってフランスはもとよりヨーロッパ中が目覚めたナショナリズムや民主主義を抑圧する反動体制ともいえた。

ナポレオンの死因について論議が盛んなのも、こうしたヨーロッパの新旧体制の激しい綱引きが背景にあるからともいえる。ナポレオンはヨーロッパ中の旧体制の目の敵だったからだ。

死因については、胃がんの他に英国の毒殺説が有力だが、最近はセント・ヘレナ島でのナポレオンの愛人がモントロンの妻で女子まで誕生したことは知られており、嫉妬に狂った夫が毎日、主人に少しずつ毒を盛ったというわけだ。

ナポレオン死去の翌日の1821年5月6日には、デスマスクを取るため頭髪が切り落とされた。この頭髪の一部をナポレオンの衣装係のノヴェラズ夫人が保管していたことも、毒殺説の有力な裏付けとなっている。

英国のハウエル原子力センターがこの頭髪を分析した結果、摂取したヒ素の量と摂取の期間の分析に成功したからだ。もっとも、この毒殺説も、ヒ素は当時一般的だった塗料の

138

影響との説も出されるなど論争は今でも続いている。

ナポレオンの遺体は1840年10月に英国政府から返還され、今ではパリ・アンバリードに保管されている。この遺体も偽物説があるが、フランス政府は鑑定を行っていない。偽物であることが証明されれば、英仏関係の悪化は必至で、昔なら開戦理由に十分になりうるからだ。

彼の息子、フランソワ・シャルル・ジョセフ（ローマ王、ナポレオン2世、1811～32年）の死因も最近は結核ではなく、メッテルニヒによる毒殺説が有力だ。

ナポレオンの最後は寝たきり状態でベッドの側には銅製のバスタブが置かれ、下血が始まると何時間もこの中で過ごしたという。現在もセント・ヘレナ島のナポレオンの家にはこのベッドとバスタブが展示され、研究家や観光客の関心の的になっている。

139

Chapitre 2　各部屋に遺る歴史の面影

Chapitre 3
王政復古から共和制へ

ルイ18世の王政復古

フランス革命で断頭台の露と消えたルイ16世の実弟ルイ18世は1814年に王政復古に成功するとまず、憲法を制定した。

憲章（シャルト）と呼ばれたこの憲法では、世襲王権を認めながらも、革命で流布された法の下の平等、所有権の不可侵、基本的人権などを認めた。

ルイ18世は革命を経験し、共和主義に目覚めた国民に、何もかも革命前のアンシャン・レジーム（旧体制）を押し付けるのは無理と考えたからだ。

ところが、この新旧の折衷案的憲章は結局、新旧両体制支持派の双方から支持を得られなかった。かえって、旧貴族ら対大小のブルジョア階級と農民、労働者という新興階級との激しい対立を招く結果となった。ナポレオン・ボナパルトのエルバ島からの帰還を許し、「百日天下」が登場する下地もつくった。

しかし、ナポレオンの「百日天下」はワーテルローの戦いの敗北で終わり、ナポレオンはエリゼ宮を去って、セント・ヘレナ島へと旅立っていった。その後、フランスを席巻したのが旧貴族の王党派の中でもユルトラ（超王党派）と呼ばれる一派だ。その名の通り、

過激な政策を展開し、共和主義者への「白色テロ」を繰り返した。その最中の1815年8月に初の下院選挙が実施され、結果はウルトラの圧勝だった。

ルイ18世は、ウルトラのこうした動きに危機感を募らせた。フランスを占領していた連合軍が占領軍の縮小の条件として議会解散をあげていたこともあり、翌1816年9月には議会を解散。その結果として今度は、ウルトラが敗北した。

こうした激動の時代の中で、エリゼ宮の方はロシアのアレクサンドル1世に代わって、1815年11月には同じく占領軍の主として、英国の軍人であり政治家のアーサー・ウェリントン（1769〜1852年）が新たな住人になった。ところが、ウェリントンは英国的な実用主義者であったため、エリゼ宮の欧州大陸的な住み心地の悪さ、つまり外見や調度に凝った立派な建物だが、水回りの悪さや家具などの使い勝手の悪さなどには耐えられなかった。早々に音を上げたウェリントンは1816年1月には英国に引き揚げていった。

この時、旧所有者ルイーズ゠バチルドの夫であるブルボン侯爵に、1年の契約でエリゼ宮が返還された。

その後はまた、国家の所有になり、現在の「フランス共和国大統領府」に至るまで、国家の所有物の地位を保持してきた。

ベリー公暗殺

　ナポレオンの帝政時代からルイ18世による王政復古の時代と、新旧制度の綱引きによる政変が目まぐるしく続く中、エリゼ宮の住人になったのがルイ18世の甥シャルル＝フェルディナンド・ベリー公爵だ。

　王位継承者第3位の地位にあったこの公爵は、フランス革命の最中に亡命し、王政復古までの約25年間を海外で暮らした。そのせいか婚期をすっかり逸していたが、1816年6月19日、38歳でブルボン王家とのつながりのあるマリ＝カロリーヌ・ブルボン＝シシルと結婚した。彼女は17歳だったが、小柄なこともありほんの少女にみえた。ルイ18世には息子がおらず、従って継承者がいなかったので、この新婚夫婦の男子誕生が大いに期待された。

ルイ18世が新婚夫婦の新居としてエリゼ宮を貸し与えたのも、ひとえに世継ぎ欲しさからだった。ノートルダム寺院での結婚式を終えた新婚夫婦はその足でエリゼ宮に到着した。

その夜、エリゼ宮では盛大なレセプションが開かれた。ルイ18世はもとより、革命前のエリゼ宮の元家主のルイーズ＝バチルドも親類として列席した。バチルドのエリゼ宮訪問は、実に19年ぶりだった。しかも、エリゼ宮はバチルド時代の懐かしい旧名、「エリゼ・ブルボン宮」と呼ばれることになった。

新婚夫婦はエリゼ宮の2番目の住人だったポンパドール侯爵夫人が居間として使った部屋で新婚第一夜を迎えた。この夫婦はエリゼ宮の住人の中では最も夫婦仲が良かったと伝えられる。おかげで次々と子宝に恵まれたのだが、王位を継承できる男子にはなかなか恵まれなかった。第1子は女子だった。次に待望の男児が生まれたが、生後3日目に亡くなった。1818年9月に生まれた男児は死産だった。4人目は1819年9月21日に誕生したが女児だった。1820年初頭、新たに妊娠の兆候があったマリ＝カロリーヌは今度こそと意気込み、2月13日夜に予定されていた舞踏会にもオペラ座にも行かずに家で静かに過ごすことにした。

外出好きでワルツに狂っていた彼女は夫にも、その日は不吉な数字の日だからどこにも行かずに家で過ごした方がいいと提案した。ところがこの夫婦は、オペラ座の催し物の評

Chapitre 3 王政復古から共和制へ

判があまりにも高いものだから、この夜も外出した。革命の洗礼を受けたにもかかわらず、当時の貴族の夜遊びが盛んだったことが伺える。

しかし、その夜、ベリー公は待望の跡継ぎを見ることなく、オペラ座で靴職人に刺殺された。ベリー公は、周囲からあまりにも王位を継承する男子の誕生を期待された結果、いつの間にか、旧貴族の王党派の中でも、ユルトラ（超王党派）になっていた。その結果、エリゼ宮はおのずと、「王よりも王党的」と呼ばれたユルトラのたまり場になり、ベリー公はそのリーダー格に目されていた。しかも、自由派の首相エリ・ドカーズとはウマが合わなかった。

ベリー公はエリゼ宮の住人の中で初めて、暗殺という非業の死を遂げた人物としても名を刻むことになった。

凡王シャルル10世

ところで、妻のマリ＝カロリーヌが、妊娠中でも医者の忠告を無視して夫と連れ立って絶えず外出していたのは、夫の浮気を監視するためだったとも言われる。夫の生存中は、

流産の危険より嫉妬心の方が打ち勝っていたこの若妻も、夫の死後は寛大になり、夫の愛人の娘を2人、養女にした。

ルイ18世も、この娘たちに伯爵夫人の称号を与えた。第五共和制のこのうちのひとりは14歳で王家の一員のフォシニィ・ルサンジ王子と結婚した。第五共和制の3人目の大統領夫人としてエリゼ宮入りしたバレリー・ジスカールデスタン夫人は、この養女と王子の直属の子孫だ。

1815年8月の初の総選挙ではユルトラの過激な動きに危機感を募らせたルイ18世は連合軍がフランス占領軍の縮小の条件として、議会解散を挙げていたこともあり、翌16年9月に議会を解散した。解散後の選挙では、今度はユルトラが敗北した。ユルトラの勢力の後退中に発生したのがベリー公の暗殺事件だった。

ユルトラにとっては絶好の反撃の機会だった。彼らはルイ18世に自由主義者の首相エリ・ドカーズの解任を迫り、内閣を解散させた。そして多額納税者に有利に選挙法を改正した後に実施された20年11月の選挙では、またしても、ユルトラが勝利した。

そうこうする中、ルイ18世が24年9月に死去した。王の弟でベリー公の父親アルトワ伯がシャルル10世（1757〜1836年）として即位した。シャルル10世は、ユルトラの指導者的存在でもあった。シャルル10世は66歳で王座に就いたが、年齢のわりには知恵もなければ生来の知性にも欠けていたと評される。革命前のアンシャン・レジーム（旧体制

しか夢見ないような凡庸な人物だった。「王権は神から与えられたものである」と本気で信じていたともいわれるが、王政復古が揺ぎない事実であることを誇示する意味もあって、戴冠式は代々の国王の即位を執り行った仏北部ランスの大寺院で行われた。

しかし、この荘厳な戴冠式も結局は、王の凡庸さを強調する結果になった。時代はすでに大きく変わっていた。亡命貴族の所有地に対して国庫が多額の賠償を行う「亡命貴族の10億フラン法」の成立も、亡命貴族の要望受け入れというよりも、長年くすぶっていた土地問題を解消する結果になった。まず、ユルトラが反撃の根拠を断たれた。さらに、革命期に土地を取得した農民たちの所有権も正式に承認されたからだ。

ユルトラら王政復古派が推進した長子相続法案も、ブルジョア階級で占められた上院で否決された。さらに、国王がパリの国民軍の閲兵を行ったときには政府の新聞制限法に反対していた兵士たちから、「新聞の自由万歳！　内閣を倒せ！」などの罵声（ばせい）が飛んだ。

七月革命

怒った国王は国民軍を解散し、1827年11月には下院も解散した。さらに自由主義者

やブルジョア階級を抑えるために1830年7月には「定期刊行物の自由」の停止や選挙法改定などを盛り込んだ「七月勅令」を発布し、9月の選挙実施を命じた。

しかし、かえって市民の反発を招き、かくて、「七月革命」が勃発した。パリ市庁舎やノートルダム寺院には三色旗がひるがえった。しかし、革命は3日で終わり、大銀行家ラフィットらがオルレアン公ルイ・フィリップ（1773〜1850年）をかつぎ出して七月王政が成立した。ルイ・フィリップは1789年の革命の時、「フィリップ平等」を名乗ったオルレアン公の長男だ。「フィリップ平等」はルイ16世の処刑に賛成したにもかかわらず結局は革命政府によって処刑された、エリゼ宮の所有者だったあのルイーズ＝バチルドの兄である。

ルイ・フィリップは父親の処刑後、欧州諸国を放浪し、イタリア・パレルモでナポリ王女と結婚。王政復古後、英国に一時亡命していたが、帰国して自由主義的反政府の中心人物になった。

こうした経歴の持ち主のため、ルイ・フィリップはシャルル10世よりは民主的であろう、というのがかつぎ出された理由だった。かくて傍流のオルレアン家が王座に就き、正統王位継承者のブルボン家が否定される結果となった。このことは実は、第三共和制誕生のきっかけになるなど、フランスの歴史に大きな影響を与えることになる。

こうした急激な政変の中で描かれたのが、ドラクロワ（1798〜1863年）の傑作「民衆を導く自由の女神」である。ドラクロワは、《パリの街は怒濤さかまく海のように、とどろきをあげた人々がさけび、古びた大砲の悲しいとどろきは、ラ・マルセイエーズの歌声にこたえた》と書いた詩人、ベランジェの作品などに触発されてこの傑作を一気に描いた。女神の左側に女神を見上げている青いシャツの労働者が描かれているが、そのかたわらの、シルクハットをかぶり手に銃を持った男がドラクロワの自画像とされている。女神の右手にはピストルを持った少年がいるが、これがヴィクトル・ユゴーの「レ・ミゼラブル」にも登場するギャマン、当時のパリに多数いた浮浪児である。

フランス革命後の1798年に生まれたドラクロワが、「七月勅令」に強く反発したのは当然かもしれない。この作品を描いたのは32歳の時だ。日本でも「日本におけるフランス年」の主要行事として1999年に国立博物館で展示されたが、通常はルーブル美術館に展示されている。絵画の迫力から大型の絵画を想像しがちだが、原作はそれほど大きくはない。

極右の系譜

　この作品は、翌年のサロン（新作美術展）に出品された。この時、この作品の前で立ち尽くしたドイツのロマン派の詩人ハイネ（1797～1856年）は、「七月革命の真の姿が感知される」と述べて絶賛したといわれる。ハイネは「七月革命」の市民的自由にあこがれてフランスに移住して、フランス女性と結婚するが、祖国ドイツでは作品が反社会的ということで発禁処分になり、10年以上、フランス政府の扶助金を受けた。
　ハイネは晩年は脊髄（せきずい）を病み、貧困のうちに亡くなった。たった3日間の「七月革命」とドラクロワの作品は詩人の生涯に多大な影響を与えたことになる。「日本における フランスを推薦したのはこの作品の展示にこの作品を推薦したのは大統領のシラクだ。シラクは保守本道の政治家だが、歴代大統領と同様に共和主義者であることに変わりはない。
　2002年の大統領選の2回戦でシラクが極右政党・国民戦線（FN）の党首、ルペンを相手に82・21％の得票率で当選したのは、ひとえにフランスが共和国であるからだ。当時、オーストリアやイタリアなどでもフランスと同様に、高失業率や治安悪化などの現象を移民の増加と結びつけた極右が勢力を伸ばし、政府にも参加した。

しかし、フランスの歴史学者で2007年4月に死去したルネ・ルモンは筆者のインタビューに答えて、「フランスでは極右と保守の連立政権はありえない」と断言した。それはフランスがフランス革命に端を発した共和国であり、共和国を肯定する右派と否定する極右と間には、「絶対に埋めることのできない深い溝があるからだ」と指摘した。

極右の歴史もフランス革命と同時に誕生した。ただし、革命を否定する立場、つまり民主的社会に反対し、絶対王制を主張しての誕生だった。その後、極右はある時は歴史の陰に隠れ、ある時は歴史の表面に登場して現在に至っている。18～19世紀には、政治学者のメーストルやボナルドが絶対王制と教皇制による国家主義の哲学を説いた。

19世紀末にはドイツへの脅威から外国の排斥と愛国主義の傾向が強まり、「ドイツへの復讐(ふくしゅう)将軍」と呼ばれるブーランジェ将軍が登場し、一時はエリゼ宮の住人候補にもなった。20世紀には反民主主義、反ユダヤ主義を主張する超国家主義者の政治評論家シャルル・モラスが政治結社「アクション・フランセーズ」を結成。世界不況と第一次大戦の戦雲という不安定な社会の中で大きな影響を残した。「アクション・フランセーズ」は第二次大戦中のヴィシー政府の誕生を許す下地にもなった。戦後はルペンも一時、所属したプジャード運動がある。ルペンは1956年の総選挙で同運動が母体の党から出馬して当選している。しルペンが74年の大統領選で初出馬した時の得票率は0・74％で1回投票で敗退した。

かしミッテラン長期左派政権時代に徐々に得票率を延ばし、84年の欧州議会選挙では約11％、95年の大統領選では約15％だった。極右が勢力を伸ばすのは社会や経済が不安定で、体制への不満、反感が底流にある時といえる。

2007年の大統領選では10％台に転落。ルペンはサルコジに票を食われたと、さかんに非難したが、一時、治安問題で過激な発言をするルペンに惹かれた従来の右派支持者が戻ってきたということだろう。総選挙では従来通り、一議席もとれず、ナチのガス室を否定する極右への不信感は、国民の間で根強いことが実証された。

最後の「フランス王」

ルイ18世の後継者を出産すべくエリゼ宮で絶えず妊娠していたベリー公の少女妻、マリ゠カロリーヌは、超王党派の夫が暗殺された後、突如、変貌して周囲を驚かせた。1830年の七月革命ではロンドンへの亡命を余儀なくされたが、亡命先では夫の遺志を継いでブルボン王朝の復興を画策した。イタリアに渡って準備を整え、「ふくろう党員」（18世紀末に活躍した反革命王党員）よろしく変装して南フランスに上陸した。

153

Chapitre 3　王政復古から共和制へ

フランス中西部のヴァンデに行き、農民を動員するのにも成功した。ヴァンデはフランス革命時にルイ16世や王妃マリ＝アントワネットが逃亡して捕らえられた王党派にとっては因縁の地だ。政府軍相手に果敢に戦ったが多勢に無勢で、あっさり敗北。1832年11月にヴァンデ近くのナントに潜んでいたところを逮捕された。そして刑務所でまたしても女子を出産した。エリゼ宮時代の医師は、かつての女主人の獄中妊娠を知ってパリから駆けつけたが、環境の激変ぶりに涙に暮れながら出産に立ち会った。未亡人の彼女が生んだこの女子の父親は永久に不明だ。

ところで、彼女が夫の亡き後、ベリー公の遺児としてエリゼ宮で1820年9月29日に出産した待望の男子こそ、フランス王朝の正統継承者のシャンボール伯爵である。この王子の生涯は、あまりにも良いことの少ない一生だった。父親が暗殺された後に誕生したために、周囲から「奇跡の子」と呼ばれて溺愛され、順調に成長したかに見えた。だが1830年、9歳の時に起きた七月革命でフランスを追放され、プラハで亡命生活を送った。オルレアン公ルイ・フィリップの即位に反対するブルボン王朝正統派によって「アンリ5世」の称号を与えられ、王位要求者となる。ところが七月革命から43年後の1873年、ライバルのオルレアン家当主パリ伯爵は彼を公式にフランス王と認めたのにもかかわら

ず、オーストリアの田舎での長い亡命生活ですっかり現実感覚を失っていたのだろう。シャンボール伯は生来の強情な性格も加わってパリ伯が同意していたフランス国旗、つまり共和派の三色旗を認めなかった。フランス王朝の「白百合の花の旗」すなわち、「白い旗」にあまりにも固執した。

シャンボール伯は、「私は革命を継承する国王となることを望まない」と述べた。妥協や多少の犠牲は払うべきだと助言する正統王党支持者に対しても、「私は払うべき犠牲も受け入れるべき条件も持ち合わせていない」と答えた。

かくて、ブルボン家とオルレアン家の合意の機会は永遠に去った。3度目の王政復古はならず、フランスの王朝は最終的に幕を閉じた。

フランス王朝を救済するどころか、決定的幕引き役を演じるという皮肉な運命だった。生家のエリゼ宮が第三共和制時代に共和国大統領府になったことも、歴史の皮肉を感じさせる。

ユゴーの嘆き

シャルル10世が1830年8月2日に「七月革命」で退位して英国に亡命したのち、同

Chapitre 3 　王政復古から共和制へ

月9日に銀行家などにかつがれたオルレアン公の長男ルイ・フィリップが「フランスの王」になり、七月王政が始まった。

ヴィクトル・ユゴー（1802〜85年）は8月1日、「この世紀にはせめて偉人が1人と偉大なものが1つだけあった。ナポレオンと自由である。偉人がいなければせめて偉大なものがほしい」と書き、1週間後の9日に即位するルイ・フィリップと七月王政への失望を露わにした。

ユゴーは「レ・ミゼラブル」や「ノートルダム・ド・パリ」の文豪として日本では知られているが、父がナポレオン・ボナパルトの将軍だったこともあり、「革命の子」でもあるナポレオンを崇拝していた。ユゴーは文豪と同時に、共和国主義の政治家としての功績がフランスでは高く評価されている。

そして共和制への燃えるような希求から1845年には上院議員となり、七月王政への一大反政権運動の頂点となった1848年の二月革命にも参加。憲法制定議会および立法議会議員となり、一時はナポレオンの甥のルイ・ナポレオンにも期待を寄せた。

しかし、ルイ・ナポレオンのナポレオン3世就任のクーデターを激しく弾劾した結果、ブリュッセルや英ジャージー島、ガーンジ島での19年間の亡命生活を余儀なくされる。

この亡命生活中に執筆したのが、ルイ・ナポレオンへの失望感を記した「小人ナポレオ

ン」をはじめ「懲罰詩集」や「レ・ミゼラブル」だ。
第三共和制誕生で帰国し、再度、上院議員に選出される。
仏全国に町名、それも大半は目抜き通りにその名を冠しているのは、フランス国民が終始
一貫して変わらぬ共和主義者としてのユゴーを崇拝しているからである。
ところで第五共和制の生みの親、シャルル・ドゴールの父、アンリ・ドゴールは二月革
命の年に生まれ、ブルボン家の王位継承を支持する正統王朝派だった。
ドゴール家の男子は代々、「剣と衣」すなわち軍人貴族か法衣貴族の文武両面で国家に奉
仕しており、教育者だったアンリ自身は友人に「嘆きの君主制擁護派」を自称した。
一方、北部の大ブルジョア階級の出身だった母親のジャンヌは熱心なカトリック教徒で、
自分の息子4人が全員、成人して共和主義者、つまり非宗教の支持者になったことを嘆い
たといわれる。
ドゴール家は19世紀末から20世紀にかけてのフランスの指導階級の典型といえるが、こ
うした階級には、アンリのようにブルボン家支持者が多かった。
これは、オルレアン家出身のルイ・フィリップの王位継承の仕方が、銀行家に祭り上げ
られて就任したというきな臭い背景に加え、ルイ・フィリップの人柄にもよるようだ。
19世紀の政治学者トクビルはルイ・フィリップについて、容赦のない人物評を残している。

「この君主はヨーロッパで最も高貴な血筋から出ており、心の底にはその血筋についての先祖伝来の高慢心を隠しているにもかかわらず、社会の下の階層に属している者が持つ素質や欠点のほとんどのものを備えていた」「相手かまわず極端に丁重なところは、君主というより商人にふさわしい態度で、「文学にも芸術にも全く目をむけることなく」「熱愛するのは産業であった」。

革命の「赤と黒」

　トクビルは、1789年のフランス革命から1830年の七月革命までの41年間を、全体として見た所感をこう記している。
「アンシャン・レジームの伝統、思い出、希望、また貴族階級を象徴する人たちなどと、中産階級に導かれた新しいフランスとの間で、激しく展開された闘争を描いた絵画のように見える」
　そのうえで、七月革命をもってフランス革命の時代が終結したとの見方を示した。さらに、ルイ・フィリップこそ、この革命後の時代の無気力状態や腐敗と密着した「悪徳」が

増大するのに貢献した「病を死へと導く災難のようなものだった」と断罪した。トクビルの「七月王政」に関する批判は極めて厳しく、「すべての活動が、株主に配当されることになる利潤の観点から処理される産業社会のやり方を踏襲」していると指摘。ルイ・フィリップのもつ欠陥とその時代の欠陥には類似性があるとして、産業社会のあり方にも疑問を呈している。

一方、スタンダールは、七月革命の結果について、「銀行が国家の頂点に立っている。ブルジョアジーがサンジェルマン街の貴族に取って代わって事態を支配し、銀行はブルジョア階級の貴族になった」と指摘した。

そして代表作「赤と黒」の中でスタンダールは、主人公のジュリアン・ソレルにナポレオンへの追憶の思いを重ねている。確かに、フランスを牛耳っていたのは「パリの王様」とか「王の銀行家」と言われたジャック・ラフィット（1767〜1844）だった。

産業革命を経過して近代社会を築いた英国と異なり、フランスは、現在に至るまで国家のあり方にこだわってきた。それは、フランス大革命の理念があり、その「革命の子」として、革命の理念をヨーロッパに伝えてヨーロッパの指導者たらんとしたナポレオンの伝統に、忠実であるからかもしれない。

さて、国民の不満を解消しようと七月王制期の首相を務めたギゾーやティエールらは必

159

Chapitre 3　王政復古から共和制へ

死で政府を支えようとするが、政治家で詩人でもあったラマルティーヌが指摘したように、フランス国民は退屈し、共和制に、あるいはナポレオン時代の帝政に、ノスタルジーを感じ始めていた。またしても、革命の足音が刻々と近づいていた。

それにしても、1789年の革命から3度目となる1848年の二月革命のころともなると、フランス人の革命を行うときの手際良さはプロ並みになっていた。

二月革命の目撃者であり当事者でもあるトクビルは、感に堪(た)えないように、こう記述している。

「人々はバリケードに最後の石を積んでいた。これらのバリケードは巧みに小人数で築かれ、その人々は大変、小まめに働いていて、現行犯で逮捕されるのを恐れてあわてている罪人のような様子ではなく、自分の仕事をすばやく立派に片付けようとしている善良な労働者の姿を思わせるものがあった」

このパリっ子に代表されるフランス人のストやデモ慣れは、現在にも脈々と息づいているように思える。ストやデモの用意をするときの彼らのなんと、生き生きとしていることか。

二月革命

エリゼ宮で生まれた「奇跡の子」シャンボール伯爵が七月革命によってプラハに放逐された後、エリゼ宮の所有者になったのが、悪評高い第二次王政復古の主ルイ・フィリップである。

エリゼ宮には叔母のルイーズ＝バチルドも住んでいたので、彼が使うことになるのは当然のなりゆきだった。ルイ・フィリップは自らはブルボン宮、当時は国民議会（下院）となっていた館に居住し、エリゼ宮を迎賓館として使用した。

ところが、1848年の二月革命でルイ・フィリップが退位に署名し、第二共和制が開始すると、エリゼ宮はまたしても改名し、「エリゼーナショナル」と呼ばれた。フランス革命でエリゼ宮を放逐された叔母と同じような運命を、甥もたどったことになる。

そして、二月革命の結果、普通選挙制度が布告され21歳以上の全成年男子に参政権が認められた。言論、出版、集会・結社の自由や政治犯の死刑廃止、植民地の奴隷解放も宣言された。エリゼ宮では同年4月1日にチャリティー舞踏会が開催された記録がある。同月には「全国寄付委員会」がエリゼ宮に結成され、政治家で詩人のラマルティーヌ（179

0〜1869年)らが委員に名をつらね、さまざまな寄付を集めた。

ある詩人が、「市民労働者」として1編の詩を委員会にささげた。もあとになって書いた革命歌「インターナショナル」で後世に名を残すウジェーヌ・ポティエだ。1848年4月23日、ナポレオン以来の普通選挙が行われた。エリゼ宮でのチャリティー舞踏会はあるいは、一種の選挙キャンペーンであったのかもしれない。この選挙で、900人の議員中、ナショナル派が約500人で王党派が約300人を占めた。ラマルティーヌらのいわゆるブルジョア共和派の圧勝だった。しかし経済の危機的状況はますます悪化し、5月には労働者による反乱事件が、6月には暴動が発生し、戒厳令が敷かれた。

エリゼ宮の方はその年の夏、またしても一般に公開され、音楽会が開かれ、花火が上げられた。9月には当時の新進作曲家のベルリオーズらが主体となって、コンサートが開催された。しかし、あの商売熱心なオーブン夫妻が失敗したように、今回もエリゼ宮の「民主化計画」の試みはまたしても失敗した。

秋風が身にしみるころ、「エリゼーナショナル」は閉鎖の憂き目を見た。一部議員はここにルーブル美術館の図書部門の移転を提案したが否決された。政局の方は10月になってやっと戒厳令が解除され、11月4日には憲法制定議会が「1848年憲法」を採決した。

新憲法には自由、平等、博愛がうたわれ、家族、労働、財産、公共の秩序を基礎とする民主的共和国が規定された。そして1848年12月12日、国民議会はついに、「エリゼ・ナショナル」を国家元首の公邸とすることを定めた政令を採択する。

ルイ・ナポレオン登場

1848年12月20日のイラスト入り新聞「リリュストラシオン」は1面トップで、新大統領、ルイ・ナポレオンがエリゼ宮入りするニュースを報じている。33年前のエリゼ宮で、伯父ナポレオン・ボナパルトがワーテルローの戦いに出発する前夜、夕食の席で涙をいっぱい浮かべて「戦争に行かないで！ 同盟軍にきっと殺されてしまう！」と哀願した7歳の少年は今や、あまり風采の上がらない小太りの中年男になっていた。同年2月の革命で共和制が復活した結果、新憲法の規定にしたがい、12月10日に実施された共和国大統領選挙で、ルイ・ナポレオンは過半数の375万票をはるかに上回る約540万票を獲得して当選した。詩人のラマルティーヌも出馬したが約8000票の得票にすぎなかった。ラマルティーヌは、「あの名前には、とても勝てない」と敗北の弁を述べ、「ナポレオン」とい

163

Chapitre 3　王政復古から共和制へ

う名前の威光の強さを強調した。

ルイ・ナポレオンの得票率74％は長年、破られず、永遠に破られないと信じられていた。これを破ったのが、シラク大統領が極右政党・国民戦線のルペン党首を相手に82・21％を獲得して再選された2002年の大統領選だ。共和主義を支持する共産党から社会党、そして緑の党らがシラクに投票したからだ。新憲法でエリゼ宮を国家元首の公邸に決めたのは、代々の国王の居城だったテュイルリー宮殿に大統領が居住することで国王のように振る舞うことになるのを回避するのが第一の目的だったとされる。だが、この目的は新大統領の野望によって、3年後にはむなしくついえた。

もっとも、新大統領がエリゼ宮に到着したとき、正面玄関に乗り付けた馬車は2頭立て馬車とはいえ、さえないランドー型（幌の前と後が別々に開き、向かい合った座席を持つ）だった。この型の馬車は当時、辻馬車に使われていた。近衛兵も竜騎兵の出迎えもなかった。10日前の大勝利がウソのような寂しさだった。ルイ・ナポレオンは二月革命まではロンドンで亡命生活を送っていたので、本国での政治家としての活動は二月革命以後の1年にも満たなかった。

伯父ナポレオンの没落後の人生は失敗続きだった。イタリアやドイツで亡命生活を送り、法王に対するロマニィア反乱に参加した。反乱が失敗するとフランスに逃亡。帝位回復を試

ボナパルトの幻影

大統領選でナポレオンの甥ルイ・ナポレオンに投票したのは、共和主義者はもとより、

みて、仏東部ストラスブールで反乱を起こしたが失敗してアメリカに追放された。その後、英国に移り、放蕩生活で母オルタンスの遺産を3年で使い果たした。

1840年8月にナポレオンの遺骸の帰還が議決された時、好機到来とばかりフランスに帰国し、英仏海峡に近い駐屯部隊を蜂起させようとしたが失敗し、捕らえられて終身禁固刑になった。

6年間を刑務所で過ごした後、脱獄に成功してロンドンで暮らしていたが、二月革命による共和政府の成立後に一旦、帰国する。ところが逮捕のうわさがあったためロンドンに舞い戻った。6月の補欠選挙にはロンドンから立候補して選出されたが、議会からは失格とされた。ところが亡命者を許す亡命法が成立した。6月の選挙で自信を得たこともあり9月の補欠選挙に立候補し、これにも当選した。この時、パリの開票場では「ナポレオン万歳！」の声があがったと伝えられる。

正統王朝派や民衆扇動家たち、と分析されている。国民は当時、商業の衰退や戦争、社会主義への恐れを背景に共和制に懐疑的になっていたため、何らかの「王制のイメージ」を備えた人物に投票する風潮がみられた。こうした中で実施された大統領選では、「皇帝ナポレオン1世」の甥（おい）という肩書が断然、有利だったのは、まちがいない。

ルイ・ナポレオンは当選の翌々日の12月22日早朝、国民議会の壇上で、こう誓いの言葉を述べた。「単一不可分の民主的共和国への忠誠を誓う」と。この言葉を聞いた者は、ナポレオンが「ブリュメール十八日」のクーデターで述べた誓いの言葉、「単一不可分のフランス共和国への不可侵の忠誠」という言葉を想起したであろう。

この「単一不可分」という言葉は、アンシャン・レジーム（旧体制）を攻撃したフランス革命の指導者の1人シェイエス（1748〜1836年）が、革命直前に発表した「第三身分とは何か」で使った言葉である。ブルジョア革命の綱領を述べたもので、全フランスに反響を巻き起こした。シェイエスは「代表される権利は単一かつ不可分である」と述べ、第三身分会議を国民議会に変更するように主張した。つまり、ナポレオンもルイ・ナポレオンも「単一不可分」を誓うことで、フランス革命に始まる共和制に忠実であることを確認したわけだ。

しかし、「単一不可分」とは同時に国民的統一も意味する。そして甥（おい）がこの伯父の言葉を

引用したとき、そこにナショナリズムを基盤にしたフランス帝国の姿を描いていたとしても不思議ではない。ルイ・ナポレオンが大統領に就任したときから、第二帝政を目指していたといわれるゆえんでもある。

一方でルイ・ナポレオンは、「革命の子」である伯父の一面も引き継ごうとしたのは事実だ。終身禁固刑の判決でパリ郊外で獄中生活を送っていたころ、サン・シモン、フーリエ、ミシュレ、キネーら思想家の本を読みあさったが、中でも社会学者のサン・シモン（1760〜1825年）には強い影響を受けた。産業の再編成によって労働者階級を消滅させるという「貧困の絶滅」を、自ら執筆したほどだ。「ナポレオン的理念」という書物も著し、人民主権の原理を訴えている。

ただ、大統領に当選するまでのルイ・ナポレオンの半生は一見、「ばかげた行動」の連続だったので、彼の周囲の人間は友人も含めて大半が、「凡庸な人物」と判断していた。大統領に選んだのも、「自分たちの思いのままに利用でき、意のままに破壊することもゆるされる道具」としてだった。しかし、彼らは後に、自分たちの判断の甘さに気付くことになる。

貧相な晩餐会

1848年12月、ルイ・ナポレオンがエリゼ宮に到着した後、真っ先に訪れたのはもちろん、伯父ナポレオンが廃位を承諾して署名した「銀の間」だった。そこにはまだ、色あせてはいたが、あのナポレオンの記章である鷲を金糸で刺繍したスミレ色のクッションが残っていたといわれる。

だが、王政復古、七月革命、二月革命と目まぐるしい政変を経て、エリゼ宮はすっかり荒れ果てていた。割れたガラス窓は一時しのぎとして厚紙で覆われていた。ルイ・ナポレオンの副官フルリィ少佐の最初の仕事は、家具を取りそろえ、絨毯を整えることだった。フランス人にとっては今も、自宅に客を招待して夕食を饗することは単なる社交を越えた非常に重要な行事である。ミッテラン政権時代の最大の汚職事件である台湾へのフリゲート艦輸出を含む大手石油会社エルフ・アキテーヌ（事件当時は国有企業）にからむ汚職事件のヒロイン、クリスチーヌ・ドゥビエ・ジョンクールも、人脈獲得のための夕食会をさかんに行ったことを告白している。

彼女は、公共財産横領などで容疑をかけられた当時の外相ローラン・デュマ（起訴後、無罪）の女友達。告発本「共和国の娼婦」の中で、エルフ・アキテーヌの関係者や政治家らをいかに自宅の夕食会に招待して接待したか、あるいは前夫の就職活動でも、いかに頻繁に夕食会を開いて就職運動を行ったかを詳細に記している。

フランス人はよく、テレビやグラビア雑誌などに登場する政治家や大企業主、作家、哲学者、有名ジャーナリストなどの名を挙げながら、自慢する。「彼（あるいは彼女）は家に夕食にきた」と。これはとりもなおさず、自分がどのくらい人脈とコネを持っているかを自慢していることにほかならない。

ましてフランスの国家元首ともなれば、晩餐会の開催は重要な政治、外交日程である。エリゼ宮では代々の大統領が、そこはグルメ大国フランスの名に恥じない豪勢な晩餐会を、外交活動の一環として頻繁に開いてきた。

この時、ルイ・ナポレオンが招待したのは約15人と小人数だったが、その中には文豪で政治家のヴィクトル・ユゴーもいた。

ユゴーはこの夕食会の直後にこう記している。

「食卓を離れた時、まだ腹が空いていた」と。ちなみにユゴーは大食漢で知られるが、この時の食事は室内装飾同様に決して満足なものではなかったようだ。また、大統領がこう

告白したとも記している。「一昨日、ここに到着した時には辛うじて横になれるマットレスがあっただけだ」

ユゴーはナポレオンの崇拝者だったので、その甥のルイ・ナポレオンに最初は期待を寄せていたが、この晩の印象は決定的に悪かった。「彼はこの館の主人というより、むしろ途方に暮れた外国人にみえた」。以後、ユゴーはナポレオン３世を「小ナポレオン」と呼んで蔑視（べっし）した。

途方に暮れた大統領

実は国民の方も大統領以上に途方に暮れていた。

ルイ・ナポレオンがエリゼ宮で開いた最初の晩餐会（ばんさん）に招待された15人ほどの客も、まず、大統領に対する敬称で悩んだ。

いったい、どう呼んだら良いのか。「モン・セニョール（王太子殿下）」、王族や皇族の尊称」「ヴォトル・アルテス（王族の尊称）」「プランス（王家の男性親族）」など、それぞれが思い思いに呼んだ。ユゴー自身は、「プランス（王子、殿下）」と呼んだ、と書いている。ユ

ゴーはまた、共和国大統領の性格について「この突然の入居、このいろいろ試みられた名称、ブルジョア階級と共和主義、帝国主義との混合、今日では共和国大統領と呼ばれる根の深い物事のことを、私はいろいろ考えざるをえなかった」とも記している。

大文豪であり政治家でもあるユゴーのこの描写は、そのまま第二共和制の特徴ともいえた。ユゴーはこの夜、3年後に突然、第二帝政に突入した第二共和制のうさん臭さを、感じ取っていたのかもしれない。

この夜、エリゼ宮の控えの間にはルイ王朝時代風のスイス兵が鉾槍を持って控え、従僕はナポレオン1世時代の制服を着ていた。

それにしても、ルイ・ナポレオンは最初から皇帝の椅子を狙っていたのだろうか。伯父のナポレオンは数々の武勲を立てた末の皇帝就任だった。その夜の客の1人だったオーストリアの外交官も「公邸も主人同様に色あせていた」と容赦なく描写したように、ルイ・ナポレオンの方はエリゼ宮入り当初、とても皇帝を目指している人物には見えなかった。

大統領は首相に王朝反対派の指導者オディロン・バロ（1791～1873年）を任命したが、バロはエリゼ宮での閣議の前に、自宅に閣僚を呼んで協議した後、閣僚を従えてエリゼ宮にやってきた。大統領は完全に無視されていた。大統領は閣議でもほとんど発言することがなかったので、入閣を断った反ボナパルト派

Chapitre 3　王政復古から共和制へ

のルイ＝アドルフ・ティエール（1797〜1877年）などは陰で、「まぬけな劣等生」と呼んでいた。ティエールは1851年のルイ・ナポレオンによる帝政復活のクーデターで追放されたが、パリ・コミューンを生きのび、1871年に第三共和制の初代大統領に就任した。政治の世界を生き抜いたティエールが、風采も上がらない独身男のルイ・ナポレオンを取るに足らない存在と見たのも当然だ。

ただ、ルイ・ナポレオンは胴が長く、足が短かったので、馬上の姿は立派だった。後に「馬上のサン・シモン」というあだ名が付けられたほどだ。

ルイ・ナポレオンがサン・シモンの著作を獄中生活時代に愛読したことは前述した通りだ。

サン・シモンはアメリカの独立戦争に義勇兵として参加し、フランス革命の恐怖時代に幽閉生活を送り、晩年は貧困のうちに生涯を終えた。不遇の時代にルイ・ナポレオンは、この社会主義者に自分の恵まれなかった半生を勝手に重ねて共感を抱いていたのだろうか。

快適な館に

ルイ・ナポレオンは第二共和制の大統領として1848年12月にエリゼ宮入りするや、まず正門上に、「共和国大統領府」と書かれた門札を掲げた。

新大統領はロンドンでの亡命生活中に、英国式の「快適な生活」に感化されていた。エリゼ宮も、この「快適」を最優先に改造したほか、紅茶を飲む習慣や、ロッキングチェアも取り入れた。

大統領府と公邸という2つの機能を併せ持つ館としては手狭になったため、1850年から1852年にかけてエリゼ宮に隣接した2つの館も購入した。エリゼ宮の2階、祖母のジョセフィーヌが使用していた部屋を自室にし、執務室には正門からみて1階左の奥の部屋を充てた。

現在、この部屋は「クレオパトラの間」と呼ばれている。クレオパトラとアントニウスがタルソスで初めて会ったシーンを描いた1763年製作のゴブラン製のタペストリーが飾られているからだ。

閣議はこの部屋の裏側の庭園に面した「肖像の間」で行った。この部屋の名前の由来は、

エリゼ宮の初代の住人エヴリュ伯爵の時代から、なぜか家族の肖像画が飾られていたからだ。この部屋は通常、8人までの小人数の朝食会や昼食会に利用されている。賓客が晩餐会の前に大統領とアペリチフを飲むのもこの部屋だ。金縁模様で縁取られた白色のボワズリ（板張り仕上げ）はエヴリュ伯爵の注文で1720〜21年にかけて彫刻家のミシェル・ランジが仕上げたものだ。何度か修復を加えながらも、200年以上もエリゼ宮を彩ってきたわけだ。

この部屋に掲げられているのは、ルイ・ナポレオン時代にヨーロッパに君臨した8人の肖像画だ。オーストリアのフランソワ・ジョセフ、イタリア王のヴィットーリオ・エマヌエーレ2世、ロシア皇帝のニコライ1世、英国のヴィクトリア女王、プロイセンのフリードリヒ・ヴィルヘルム4世、スペインのイザベル女王、ルーマニアのカロル1世、ローマ法王のピウス9世だ。欧州連合（EU）の加盟国と照らし合わせると、欧州各国の栄枯衰亡がしのばれて興味深い。

ところで、ルイ・ナポレオンの多額の費用をかけたエリゼ宮大改造は、ジャーナリストや訪問客には大好評で迎えられた。ある記者は「大統領公邸は見分けがつかないほど変わった。共和制の壮麗さは君主制の思い出を圧倒した」と書いた。

ルイ・ナポレオンは就任1カ月後にエリゼ宮に1人の地方官を迎えた。パリ大改造の立

役者、ジョルジュ・オスマン（1809〜1891年）である。入り組んだ路地を排除し、放射線状の大通りを出現させたこの大改造は、パリを光あふれる明るい都市に変貌させ、印象派の到来を助けた。が、そもそもの発端は路地に陣取って行われる労働者や不満分子のデモや反乱を未然に防止することが目的だったとも言われる。

2人はこの後、21年間にわたって強固な協力関係を結ぶ。オスマンは第二帝政下でセーヌ県知事に出世し、男爵にもなった。パリ大工事でパリ市の負債が巨額に達したため辞任したが、第三共和制では代議士になった。

クーデタ―

ルイ・ナポレオンは、いつから第2の「ブリュメール十八日」、つまり、皇帝となるクーデターの準備を開始したのだろう。いつごろから第二共和制の憲法第45条の「大統領の再選なし」の項目を無視し、大統領職を永遠の任期にするための画策を始めたのだろうか。

彼には2つの選択しかなかったはずだ。憲法改正かクーデターだ。憲法改正が議会の拒否にあうことは目に見えており、事実、拒否された。

クーデターの決意を促した要因の1つに王政復古準備のニュースが挙げられている。父親とともにロンドンに亡命したルイ・フィリップの息子たちが帰国の準備をしているとのニュースに加え、パリの王統派がエリゼ宮に侵入して大統領を拘束し、パリ伯爵が国王を宣言するという計画も耳に入った。

ルイ・ナポレオンがこのニュースを聞いた時、どんな思いが去来しただろう。青年時代の約20年間、「ナポレオン」という名前と思い出だけを胸に反乱と陰謀を繰り返し、その末にやっと獲得した地位を維持するために、手段を選ばなかったとしても不思議はない。大統領は1851年11月9日の閣議で戦争大臣を新たに任命し、600人の新任の将校をエリゼ宮に迎えて、宣言した。「危機発生の場合は、進軍せよ、私も行くと命じる代わりに、私は進軍する、私の後を追え、と命じる」。先頭に立って戦うことを確約することで、将校たちを感動させた。

かくて、ナポレオン崇拝が根強い軍隊や普通選挙廃止に不満な国民を中心に皇帝崇拝を募る一方、警視総監を更迭して腹心を就任させるなどクーデターの準備を着々とすすめた。その結果、少なくともパリっ子たちは、ルイ・ナポレオンが近々に重大な決意を決行することをひそかに予感、というより期待していた節がある。

それを裏書きする逸話としてよく引用されるのが、小説家ジョルジュ・サンドの記述だ。

176

彼女は娘と1851年12月1日夜半、エリゼ宮の前を通りながら「いつもの夜のように正門が閉まっている。歩哨が見張りをしている。館の明かりはまったく消えている」のを見る。そして「まだ、あしたではなさそうね」という。

ところが内部ではこの時、ルイ・ナポレオンが表紙に一言、「ルビコン」と書いた書類を取り出し、「1851年12月2日、エリゼ宮で」と書き入れ、署名をしていた。それは、2日夜明けに議会を解散して廃止されていた普通選挙の実施を布告する書類だった。

これに先立ち、午前2時にはティエールら反対派の議員や王統派の将軍らが逮捕され、クーデターが決行された。午前5時に起床したルイ・ナポレオンは何事もなかったかのように部屋着のまま朝食を取った。正午前に老いたナポレオンの弟ジェローム元帥らを従え、乗馬でテュイルリー宮殿に向かった。

逮捕を免れたヴィクトル・ユゴーは穏健派の共和派の議員と会い、クーデターに抗議する宣言書を執筆。「ルイ・ナポレオンは反逆者である！ 憲法を踏みにじった！」と指摘し、市街戦を呼びかけた。

Chapitre 3　王政復古から共和制へ

皇帝の結婚

しかし、1851年12月2日のルイ・ナポレオンによるクーデターは、4日の市街戦で市民から多数の死傷者を出したが、成功し、ヴィクトル・ユゴーはベルギーに亡命した。12月21、22日のクーデターの可否を問う国民投票は、748万対64万の圧倒的多数で承認された。翌年1月には大統領の任期を10年に延長し、権限も大幅に拡大する新憲法が発布された。同年11月20日、元老院が提案した皇帝推薦の可否を問う国民投票も783万対25万で承認された。クーデター1周年の12月2日にナポレオン3世として帝位についたルイ・ナポレオンはその夜、初めて皇帝として伯父も過ごしたテュイルリー宮殿で眠りに就いた。

もっとも、エリゼ宮と縁を切ったわけではない。新皇帝は年が明けた53年1月12日、エリゼ宮で大舞踏会を催した。この時、話題をさらった女性が、スペインのユージェニー・ド・モンティホである。父はスペインの貴族、母はアメリカ領事の娘だ。ユージェニーはこの時、27歳。金髪の優雅な美女だった。同20日に皇帝との結婚が発表され、22日にこの美しい婚約者は母親とともにエリゼ宮に移り住んだ。エリゼ宮には1週間にわたって皇帝

からの贈り物である家具や宝石、花束などが運び込まれた。

同29日、祝砲が鳴り響く中、婚約者がテュイルリー宮殿に赴き、結婚式が挙行された。花嫁が正面玄関に登場したとき、その優雅な姿と衣装を見た観衆の間に、感動と賛嘆のため息がさざ波のように広がった。少し青ざめた彼女はバラ色のサテンのイブニングに包まれ、そのイブニングを肩掛けが覆っていた。それがまた、なで肩の彼女をいっそう優雅に見せた。しかも当時の有名デザイナー、パルミミールがデザインした肩掛けは、ちりばめられた宝石で輝いていた。この宝石は皇帝が自ら選んだものだった。

ユージェニーはその後、パリの社交界の中心人物になり、オートクチュール（高級仕立て服）の祖とされるシャルル・フレデリック・ウォルトを庇護し、パリの流行をリードした。ユージェニーが好んで着用した裾幅の広いスカートは、たちまち流行した。このスカートは偶然なのか、エリゼ宮の2代目の住人ポンパドール侯爵夫人のロココ時代に流行したものに似ていた。スカートに鯨のひげや銅線を使ったペチコート「クリノリン」が大流行した。かつては麻（リン）とクリン（馬毛）が使われたので、こう呼ばれた。

ユージェニーがテュイルリー宮殿入りした後、エリゼ宮ではまたもや、改造工事が始まった。1階や2階のサロンの改造工事が開始され、新皇帝は「肖像画の間」の肖像画もさっさと取り換えた。ナポレオンの義弟ミュラはここにナポレオン一族の肖像画を掲げてい

たが、甥の方は欧州の同業者の肖像画を掲げたことは前述した。
第二共和制の外務大臣を務めたトクビルは、彼について、「表情を変えることのない外面をおしわけて、この人の心の中に入り込むことほど難しいことはない。トクビルはまた、口ひげの先を針金のようにピンと細くとがらせたうえにひねるという滑稽な外見から周囲が勝手に判断するよりも「彼はずっと優れた人物だった」とも述べている。

豪華と気品

エリゼ宮の正門に向かって右の1階には、現在、「ナポレオン3世の間」と呼ばれる部屋がある。シラク時代まで主として、欧州連合（EU）加盟国の首脳をはじめ、2国間会議などの重要会議に使われていた。皇帝となったナポレオン3世が国民の支持を得るために積極外交を展開し、インドシナ、中東、アフリカなどで植民地を拡大し、英国とともにフランス大帝国時代を築くなど派手な外交政策を展開したことを考えれば、この部屋が外交の舞台として使われることも、故なきことではない。

一方で、ナポレオン3世は内政を安定させるため、皇帝になる以前のルイ・ナポレオン

時代から、盛んにエリゼ宮でレセプションを開いた。主として王党派を懐柔する策だったとみられているが、あるいは、皇帝になる野心を隠すためだったのかもしれない。

レセプションの費用は一晩で約6000フランとの記録もあるが、これは当時の公務員の平均歳費とほぼ同額だ。ルイ・ナポレオンが大統領に就任後4カ月間で使った費用は、ルイ・フィリップが17年間で使った額に相当した。議会が1851年2月、エリゼ宮の経費、180万フランの請求を拒否した記録が残されている。

「ナポレオン3世の間」は、1860年にお抱え建築家ラクロワの指導で舞踏会の広間として工事が開始されたが、このころが彼の絶頂期だったかもしれない。金箔（きんぱく）がきらめく大型のシャンデリアや白い大理石、金縁のピラストル（壁の一部から張り出している付け柱）など絢爛（けんらん）豪華な中に気品と瀟洒（しょうしゃ）な雰囲気が漂う部屋からは、第二帝政時代の「フランス大帝国」の誇りもうかがえる。現在も、家具や室内装飾のアンティークの分野で、「ナポレオン3世時代風」は人気が高い。

ナポレオン3世は、至る所に伯父と自分の頭文字の「N」と妻の「E」を彫り込んだ。ドゴールやミッテランが執務室として使い、そしてシラクに続いてサルコジも使っている「金の間」にはまばゆい白大理石の暖炉が設置されているが、この暖炉にも「N」が刻まれている。部屋には、ユージェニー后妃の趣味を反映してルイ16世時代を模した瀟洒な金縁

181

Chapitre 3　王政復古から共和制へ

のブロンズのカリアティード（女像柱）もある。

「ナポレオン3世の間」が完成したのは結局、第三共和制2代目の大統領、パトリス・マクマオン（1808～93年）の時代だった。その結果、天井の四隅にはナポレオン1世と3世の記章である鷲と同時に、「フランス共和国」の略字「RF」がオリーブと樫の葉に囲まれて刻まれている。

2つの体制を象徴するそれぞれの記章が1つの部屋に同居しているところは、エリゼ宮が王制、共和制、王政復古、帝政、そして共和制と目まぐるしく変わったフランスの体制の主要舞台だったことをみごとに物語っている。

大統領の報道官

この「ナポレオン3世の間」は、「冬の庭」と呼ばれるサンルームに通じ、その先にエリゼ宮最大の部屋「祝祭の間」がある。

サンルームは、日の差す日は冬でも汗ばむくらい暑い。シラク大統領の報道官を1995年から9年間務めたカトリーヌ・コロナは、主要国首脳会議（G8）や欧州連合（EU）

首脳会議や仏独首脳会議など重要な国際会議の前に、ここで記者団にブリーフィングを行うのが常だった。

コロナは国立行政学院（ENA）出身のエリート官僚だ。外務省に入省後、駐米大使館勤務や本省での副報道官などを歴任後、シラク政権誕生時に39歳でエリゼ宮の報道官に抜擢された。シラクのエリゼ宮入りと同時に大統領府事務局長に就任したドミニク・ドビルパンとは、ワシントンで一緒だった。首相に就任したアラン・ジュペとは、ジュペが93年から95年の外相時代に副報道官として仕えた。彼女の仕事ぶりに目をつけた2人がシラクに推薦したと伝えられる。

コロナはシラクに報道官就任を要請された時、「ご存じのように、私は（大統領選で）ジョスパン氏に投票しました」と述べて辞退したが、シラクは、「構わない」と述べたという。コロナは2002年のシラク再選後も報道官を続投。04年10月に仏国立映画研究所所長に転出した後、05年6月の内閣改造で欧州問題担当相に就任。一時、07年の総選挙に出馬の話もあったが、結局、シラク政権の退陣とともに外務省に戻った。

エリゼ宮の報道官というのは、彼女に言わせると「フランスの公式な立場を正確無比に知る必要があり、同時に大統領の感覚や頭の中を理解して伝える精神科医のような能力も必要」という重責だ。

コロナはそれを9年間務め、しかも、うるさ型の多い内外記者団から「完璧無比」と評価された。コロナはシラクの1期終了時に辞任を申し出たが、シラクが彼女の希望を無視して手元から離さなかった。「勝ち戦のメンバーは変えない」というフランスの古来からの格言を尊重したほかに、余人をもって代え難い彼女の仕事ぶりを買っていたからだろう。

コロナは、「ハートはどちらかのいえば左」だが、「大統領の政策には9年間すべて合意できた。欧州も反イラク戦も非宗教問題もすべて賛成だった。自分が反対だった問題を報道官として擁護したことは一度もない」と言明しており、幸せなコンビだったといえる。

報道官時代のメモはすべて破棄。「私が仕えたのは国家。それを個人的な目的に使うのは正しくない」と述べ、回想録の類を書くつもりもないそうだ。

逢い引き用の地下道

ところで、ナポレオン3世にはセンチメンタルな面があり、少年時代の思い出のあるエリゼ宮の「銀の間」や「名誉の階段」は建築家たちにいじらせなかった。

「銀の間」は伯父ナポレオン1世がワーテルローの戦いに敗北後、廃位に署名した部屋だ。

「名誉の階段」は伯母カロリーヌとその夫ミュラがエリゼ宮在住のころに設置された。どちらもナポレオン一家の思い出が詰まっている。

一方で、亡命していた英国式の生活習慣も愛した。1855年の万博の際には、エリゼ宮を訪問したヴィクトリア女王と「ランチ」を取った。「ランチ」はたちまちパリっ子の流行語になったが、中には間違って「パンチ」と発音する労働者もいたという。

エリゼ宮の大改造工事が終了したのは1865年だった。新し物好きの家主を反映して、蓄電池使用のアーク灯が設置された。この新しく登場した照明が輝くレセプションで、当時のパリの最先端を行くデザイナー、ウォルフの衣装をまとったユージェニー后妃の姿はひときわ際立った。

1867年の万博の時には、エリゼ宮はロシアのアレクサンドル2世ら外国の賓客を迎える迎賓館の役割を果たした。しかしロシア皇帝はパリの街を散歩中、「ポーランド、万歳！」と叫ぶポーランド系移民から罵声を浴びたうえ、ブローニュの森では銃で狙われ、もう少しで暗殺されるところだった。

1870年に勃発した普仏戦争でフランスが敗北したのは、アレクサンドル2世が、この時の苦い思い出を決して忘れず、フランスに味方せずに中立を固持したからだとも指摘されている。この後、アレクサンドル2世は結局、祖国で暗殺されたので、フランス人の

Chapitre 3　王政復古から共和制へ

中には現在でも、暗殺は彼の運命だったのだから、フランスに味方しておけばよかったのに、となじる者もいる。

ナポレオン3世は大統領時代も結婚後も、そして皇帝就任後も、女性への興味は尽きなかった。エリゼ宮の改造工事の際、隣接するエリゼ通り18番地の屋敷に通じる地下道を、愛人との逢（あ）い引き用につくらせたといわれる。しかしエリゼ宮はこの点について常に、当然ながら確認を拒否してきた。

皇帝の側近が胸のボタン飾りにスミレの花を挿していれば、準備万端整ったという合図で、皇帝はこの地下道を通って美人の誉れ高い愛人のメルシ・アルジャントゥ夫人に会いに行ったとか。

エリゼ宮にはこの時代、オーストリアのフランソワ・ジョセフ皇帝をはじめ、スウェーデンのオスカー王、英国皇太子、オランダのソフィ女王、エジプトのイズマイル・パシャ副王など世界中から賓客が集まり、外交の中心舞台となった。ヒツジ肉しか食さないオスマン・トルコ帝国の第32代スルタン、アブドゥル・アジズが訪仏したときは、エリゼ通りの小さな館の地下を臨時の食肉処理場にしたという。

1999年10月にイランのハタミ大統領が公式訪問したときには、こうしたメニューの問題を避けるため、慣例の晩餐（ばんさん）会は開催されず、立食パーティーが開かれた。当初の訪問

時期は同年4月だったが、同国で禁止されているアルコールを晩餐会で出すか否かをめぐって調整がつかず、半年延期になった末の決断だ。

第二帝政の崩壊

ナポレオン3世は外交を売り物にしたが、人は、えてして自分の得意の分野で失敗するといわれる。植民地拡大に努めたが1867年のメキシコ干渉に失敗した上、69年にはボナパルト党も選挙で敗北した。ドイツの統一に直面し、ビスマルク（1815～98年）と対立して70年7月に普仏戦争が勃発した。そして、同年9月のセダンの戦いでフランスは歴史的敗北を喫し、ナポレオン3世は捕虜になり、国民議会で退位させられた。かくて第二帝政は崩壊した。一方でドイツは統一し、ビスマルクがドイツ帝国初代宰相となった。ナポレオン3世からルイ・ナポレオンに戻った彼はまたしても英国に亡命し、73年1月に同地で没した。エリゼ宮も栄華の極みからどん底に突き落とされ、家主をまたもや失った。

第二帝政時代の賓客に代わって、エリゼ宮にやって来たのは普仏戦争の勝者プロイセン

軍だった。彼らがパリに入城する3週間前、仏軍の第1戦闘部隊がエリゼ宮から出兵したが、敗軍の将となり銃殺されるクレモン・トマス将軍の従卒は出発前に、寒さのあまりエリゼ宮の家具を燃やして暖を取った。仏軍の士気は戦闘前からすでに落ちていた証拠だ。一方で、プロイセン軍の猛烈な攻撃を受けたパリ市民が、「ネズミのパイ」で飢えをしのいだ逸話もよく知られている。

71年1月にプロイセン軍が占領するベルサイユ宮殿でドイツ帝国誕生が高らかに宣言され、同月には休戦条約が結ばれた。講和条約を審議する国民議会の選挙が行われ、予測に反して王党派が勝利した。戦争で耕地を荒らされた農民が、利害の一致する地主や大ブルジョアが支持する王党派を選んだからだ。当時の人口の半数以上は農民だった。

その後、議会は4年間も誰が王位につくべきかをめぐって、際限のない議論を続けた。王党派議員はまず、ブルボン家の正統王位継承者で子供のいない53歳のシャンボール伯を王位につかせ、次にルイ・フィリップの孫で、35歳と若いオルレアン家のパリ伯を王位につかせるべく画策した。

ところがシャンボール伯が王家の伝統の白旗に固執したため、この計画が挫折したことは前述した通りだ。ナポレオンを懐かしむ帝政派も少なくなかった。「王座はひとつしかない。3人が一緒に座るわけにはいかない」と、こうした状況をいみじくも指摘したのは、

エリゼ宮の新しい住人候補、ルイ゠アドルフ・ティエールだった。1871年に彼がエリゼ宮入りしたときの正式な肩書は「臨時政権首班」だった。2月に国民議会がフランス南西部ボルドーに招集された。共和制か王政かなど新政体や憲法を決める前にまず自分たちのトップを決めることにし、彼が選出されたのだ。
74歳というティエールの年齢は、エリゼ宮入り時の年齢としては最高記録だ。

あらゆる政府形態

ティエールにとって、この「臨時政権首班」というあいまいな肩書は、しかし、待ちに待ったトップの座を意味した。
ティエールはルイ16世がギロチン台の露と消えた1793年以降、フランスが実施した「考え得るありとあらゆる政府形態」を身をもって体験してきた生き証人だった。その点が前任者とは大いに異なった。ルイ・フィリップもルイ・ナポレオンも亡命帰りで、フランスの国内事情には通じていなかったのに対し、ティエールが目撃したのはまさに激動の時代だった。革命で誕生した第一共和制がロベスピエールの恐怖政治で頂点に達し、執政政

Chapitre 3　王政復古から共和制へ

府の下で立憲共和制が誕生して99年のナポレオン・ボナパルトの第一統領就任まで続いた。

1804年から14年まではナポレオン1世の第一帝政、14年から30年まではルイ18世とシャルル10世によるブルボン王朝の王政復古と、ナポレオンによる百日天下。そして30年から48年までのルイ・フィリップによるオルレアン家系のブルジョア王政、48年から52年までの第二共和制、52年から70年までのナポレオン3世による第二帝政と目まぐるしい。

ティエールが最初に注目されたのはフランス革命に対する自由主義的立場のジャーナリスト兼弁護士兼歴史家としてだった。もっとも「歴史を書くより歴史を作る方が好き」と言われ、早々に政治家に転じた。オルレアン家を支持したものの外交をめぐってルイ・フィリップと対立。反政府に転じて二月革命の実現に努めたが、ナポレオン3世には追放された。ナポレオン3世の失脚後、ドイツとの休戦条約の交渉に加わり、そして「臨時政府首班」の地位を獲得した。

こうした体験によって、彼は政治家としての実務と勘を身につけていった。王党派内部の対立が調整不能と悟るや、政体の決定は平和の回復後という「ボルドー条約」を議会に承認させ、戦後処理を優先したのも、その一端だ。

しかし、ティエールは賠償金問題は国債募集で解消し、今やプロイセンからドイフランスにとって、アルザス・ロレーヌ地方の割譲と50億フランの賠償金支払いは過酷だった。

パリ・コミューン

ドイツ軍のパリ入城直後の1871年3月18日に始まったパリ・コミューンは72日間の

ツに名前を変えた占領軍から期限前撤退を取り付けるのにも成功した。もっともこの講和条約は極めて不人気だった。ドイツとの休戦に反対し、軽気球に乗って劇的なパリ脱出に成功し、スペインに亡命したガンベッタらの議員は議会に辞表をたたきつけた。

3月1日、講和条約に基づいてドイツ軍がパリに入城したとき、シャンゼリゼ大通りからはパリ市民の姿が消えていた。パリ市民のこの無言の抗議の中、ドイツ軍は無人の大通りを行進した。

それから約70年後の1940年初夏、第二次大戦で休戦条約を結んだドイツ軍も意気揚々とシャンゼリゼ大通りを行進したが、4年後にはドイツ軍に代わって、レジスタンスを率いたドゴール将軍が凱旋行進をした。100年の間に3度交戦したフランスとドイツだが、第二次大戦後は欧州統合を目指す2頭馬車として、牽引力の役を果たしている。両国の歴史を振り返ったとき、歴史における真の冒険とは何かを考えさせられる。

短命で終わったが、フランス国民の抵抗と革命気質の集約とも言える。コミューン派の新聞「人民の叫び」は、「想念と共和国の婚礼」と熱狂して報道した。一方で、ジャーナリストのマキシム・デュ・シャンは「社会的癲癇の危機」と批判した。彼は「ボヴァリー夫人」の作者フローベルの友人だ。

いずれにせよ、パリ市民は、ボルドーに一時移転していた政府が帰還した時、ルイ王朝の思い出が強い保守的な土地ベルサイユに政府を構えたことに、裏切られた思いをつのらせた。なにしろ、「ねずみのパイ」をかじって生き延びたのだ。特に命を張って戦った国民軍の間には、徹底抗戦の機運が高まっていた。

この時彼らに、1792年の祖国防衛戦争の勝利の思い出が蘇っても不思議はない。政府の弱腰を監視しようと、20区あるパリの全区に監視委員会が結成された。市民と国民軍による反政府の感情は、政府が国民軍の武装解除命令を出した時には頂点に達した。

1871年3月18日の未明、ついに政府の正規軍と国民軍が戦闘を開始した。もっとも、正規軍の兵士たちの中にも市民に味方したものが多数いた。正規軍が差し押さえを命じた国民軍の大砲は市民の拠出金で作られたものだったので、市民に帰すべきだという意見が多かった。

「臨時政権首班」のティエールは政府と軍にパリ放棄を命じ、自分もベルサイユに逃走し

画家のギュスタフ・クールベ（1819〜1877年）はパリ・コミューンを指導したひとりだ。クールベは芸術家連盟の創設も担い、その長に就任した。しかし、コミューンが終わった時、バンドーム広場の塔を破壊した罪で禁固6カ月の有罪判決が下された。頂上にナポレオンの銅像が設置された43・5メートルのこの塔は、アウステルリッツの戦勝記念として、戦利品の青銅砲砲身1200門を鋳つぶして1810年に建てられたものだ。破壊に関してはこんな布告を出していた。「バンドーム広場の帝国主義の塔は野蛮の象徴だ。共和国の粗野な力の偽の栄光、軍国主義、国際法の否定、敗者への勝者の永久の侮辱だ。よって塔は破壊する」と。クールベはその後、3つの原則の1つ、友愛の精神に反する。追放され、スイスで死去した。

リアリズムを標榜し、市民の生活や身の回りの事物に絵の素材を求めたクールベの傑作「世界の始まり」は現在、オルセー美術館に展示されている。女性の裸体を詳細に描いた作品の前には、なぜか、常に好奇心丸出しの日本の男性観光客が群れをなしており、日本女性たちは同胞として恥ずかしい思いをさせられている。

パリ・コミューンは、普及途上にあったカメラが捕らえた初の歴史的大イベントでもあった。歴史書などによく掲載されているベルサイユで銃殺されたコミューンの兵士12人の

193

Chapitre 3　王政復古から共和制へ

死体の写真など、生々しい写真が多数残されている。この12人の兵士の写真は、4月26日付の新聞「国民の目覚め」に掲載されたものだ。バンドーム広場の塔が引き倒された時の写真もあり、銅像の首は地面に落ちた衝撃で切れている。塔は1874年に復元され、現在に至っている。

血に染まるセーヌ川

これらの写真を見ていると、フランス人の中に住み着いた「革命の思い出」という言葉が言葉以上の力をもって迫ってくる。

1871年3月18日の反乱開始から28日のパリ入城から28日まで続いた「血の1週間と呼ばれる」凄惨（せいさん）な内戦――。5月21日の政府軍のパリ入城から28日まで続いた「血の1週間と呼ばれる」凄惨な内戦――。写真には、石畳がはがされバリケードが築かれた道路で銃や大砲を使う政府軍兵士が写っている。テュイルリー宮殿は一部ががれきと化し、廃虚のようだ。

この時、エリゼ宮の方は内部は荒らされたが破壊は免れた。

凱旋門の向こう側のグラン・アルメ大通りの終点ポルト・マイヨ広場には、臨時の処刑

場が設けられた。犠牲者の血でセーヌ川は真っ赤に染まったという。市民の死者約2万人。約4万人が逮捕され、軍事裁判による死刑判決は270人。強制労働が410人、禁固刑が約4000人、流刑が約3500人だった。

カール・マルクスが著書「フランスの内乱」で「労働者のパリは、そのコミューンとともに、新社会の光栄ある先駆者として永久にたたえられるであろう」と述べたこともあり、パリ・コミューンは「歴史上、初の労働者政権」と言われている。

しかし、パリ・コミューンの実態はプロレタリア革命ではないという意見もある。労働者と小市民を突き動かしていたのは、フランス革命へのノスタルジーとナポレオン時代に生まれたナショナリズムだったというわけだ。事実、マルクス主義を国際労働運動の指導原理とする第1インターナショナル派は、コミューン内では少数だった。その意味では、イデオロギーよりも愛国防衛的な側面を強く見せる、極めてフランス的革命だった。

超現実主義派の詩人アンドレ・ブルトンが一時、共産主義に接近した時「社会を変革せよ、とマルクスは言った。生活を変えろとランボオは言った。この2つのスローガンは私たちにとって、1つでしかない」と書いたので、日本の進歩的文化人に大いなる誤解を与える結果になったが。

常備軍の廃止や教育における政教分離など、パリ・コミューンは確かに社会主義的政権

195

Chapitre 3　王政復古から共和制へ

であったことは間違いない。しかし、実際には1792年の「思い出」に忠実な急進主義的なジャコバン主義者や暴力革命を説くブランキストが多数派を占めた。この多数派と第1インターナショナル派など少数派とが対立し、コミューンは内部から徐々に崩壊していった。

フランスは第二次大戦後、共産主義の脅威にさらされた。しかし、「クレムリンの長女」と言われるほどソ連に忠実なフランス共産党も、得票率は戦後第1回の総選挙での約30％が最高で、その後は下落の一途をたどった。

もっとも、1989年11月のベルリンの壁崩壊後、ユーロコミュニズムの牙城だったイタリアなど欧州各国で共産党の党名が変更されているが、フランスには依然として共産党が存在する。各種選挙ごとに、不満層を取り込んで9％前後の得票率を獲得していたが、2007年5月の大統領選ではついに、1％台に転落。同6月の総選挙でも10％台に終わり、国民議会で20議席以上の党派に与えられている代表質問権などを持つグループ結成権を失った。

フランスで、赤旗が三色旗を凌駕することが決してないのは、共産党の議員や市長も正装時は三色旗の襷がけをすることからも伺える。ここにも共和国フランスの特殊性がみられる。

Chapitre 4

共和制の確立
第三共和制から第五共和制

偶然と国家の大事

「第三共和制はまぐれ当たりで生まれた」と指摘したのは米人ジャーナリスト、ウィリアム・シャイラーだ。

パリやベルリン特派員だったシャイラーは第三共和制を分析してフランスがあっけなくドイツ・ナチの侵攻を許した要因を探り、第二次大戦直後に大書「第三共和制の崩壊」を著した。確かに第三共和制は、誕生の仕方からして偶然に左右されていた。パリ・コミューンの流血の最中の１８７１年５月１０日、ドイツとの講和条約に署名し、パリ・コミューンの制圧にも成功したティエールは８月３１日、国民議会から正式に大統領に選出された。

しかし王党派が多数派の議会は共和制が長期政権になるとは夢想だにせず、いずれ２つの王位継承家が合体するまでの、あくまでも臨時政権だとタカをくくっていた。身長１５４センチと小柄だったこともあり、ティエールは蔑称的に名前の方をとって「小アドルフ」と呼ばれた。

しかも議会は、ティエールにエリゼ宮を大統領府としても公邸としても正式に使用することを許可しなかった。こんな弁護士風情の小男が由緒ある館の住人になるなど、とんで

もない、というわけだ。あきらめきれない新大統領は毎日、国民議会のあるベルサイユにエリゼ宮を経由して"出勤"した。

1875年1月30日に国民議会で行われた「共和制下に戻るべきか否か」の採決は、賛成353票、反対352票だった。たった1票差で共和制に戻ることが決まったのだ。しかもこの時、1人の議員が採決に遅刻していなかったら、この採決は互角になるところだった。フランス人の遅刻癖は、こういう国家の大事の時にも発揮されたわけだ。もっとも、この時、この議員に国家の一大事という認識があったのかどうか。「まぐれで誕生した」と言われるゆえんだ。

ティエールは晴れて「共和国大統領」となり、エリゼ宮の住人となった。彼は政務もしたたかにこなしたが、私生活の方も精力的だった。南仏マルセイユでの弁護士時代に知り合った妻は持参金付きの大金持ちの娘だったが、彼はまず、この娘の母親の情人になった。次いで妻の妹も愛人にした。もっとも大統領に就任したころには母親は死去していたので、面倒を見なければならない女性は2人に減っていた。

ティエールはこの2人の女性とともに、パリ・コミューンで荒れたエリゼ宮の手入れをし、この館で晩餐会（ばんさん）や舞踏会を再開した。

生来、倹約家でもあったので、経費節約も兼ねて食卓に飾られた立派な果物カゴの下の

Chapitre 4　共和制の確立

方はしばしば取り換えなかった。それでエリゼ宮には、腐敗した果物のにおいが漂ったという。

ナポレオン3世時代、ユージェニー后妃らのスカートの下のクリノリン（鯨のひげ、銅線などで張り広げられたペチコート、第二帝政時代にはやった）が発した、あのなまめかしい絹ずれの音も、もう聞かれなかった。2人の女主人らが着けていたのは当時、流行した「バッスル」（スカートを広げるため腰の後ろにつけた飾り）だった。背の低い小太りの大統領夫人が着けると、ますます太ってみえたので、口の悪い客の中には、「まるで怪物だ！」との容赦のない言葉を吐き捨てる者もいた。

生粋の軍人大統領

ティエールは、エリゼ宮での決して快適とは言えない環境の中で1872年初頭、「共和国は存在する！　共和国はこの国の合法的政府である！」と宣言した。シャンボール伯にもパリ伯にも「国家元首の座」を譲り渡すつもりはないと宣言したわけだ。彼なりに「ルビコン川」を渡ったのだ。ナポレオンが廃位の署名を行うなど重要決意がなされたエリゼ

宮で暮らすうちに、国家元首としての認識が強化され、決意をうながしたのだろうか。

しかし、国民議会は彼の決意に耳をかさなかった。ティエールは5月24日に辞表を提出した。ティエールはその後、議員として議会にとどまった。73年9月にドイツ軍がアルザス、ロレーヌ地方から期限より1年半も早く撤退したニュースが議会で報告された時も、議会の片隅の議席にいた。時の内相が前大統領の努力に言及し、次いで1人の議員が立ち上がってティエールを指し示し、「彼こそが領土の解放者です」と述べて拍手を始めると、共和派議員全員がならった。彼は涙に暮れて、これに応えたという。

ティエールの後任には伯爵と公爵と、さらに元帥の称号を持つパトリス・マクマオン（1808〜1893年）が賛成390票で選出された。反対は1票だったが、棄権は380票に上った。新大統領はクリミア戦争、アルジェリア遠征軍、イタリア戦争に参戦後、パリ・コミューンではティエールとともにコミューン軍を制圧した生粋の軍人だった。

彼は選出された時、こう言って一度は辞退した。「これまでの生涯、一兵士だった私は、いかなる時も政治にかかわったことはなかった。こうした困難な状況下で政府を指導することは不可能だと思う。私が承諾すれば、新聞はもとより、議会の大半をはじめ、あらゆる方面が私を攻撃しよう。その結果、私は軍隊で私の影響を失い、この国の将来に奉仕す

201

Chapitre 4　共和制の確立

ることも不可能になる」と。

マクマオンには政治的野心がなく、議員の経験もなかった。第三共和制で非議員で大統領に選出されたのはマクマオンだけだ。しかし、アイルランドの王家の血筋を引き、一族はルイ15世の時代から王に仕えた愛国者だった。

王党派は彼らにとってこのうえなく理想的な大統領のマクマオンに、英国の17世紀の将軍ジョージ・マンクの姿を重ね合わせたのかもしれない。マンクはチャールズ2世の王政復古を成し遂げたからだ。

しかし、エリゼ宮の住人の中でもマクマオンほど不幸な人物はいなかったといえる。フランス共和国の歴史上、これほど矛盾に満ちた皮肉な役割を担わされる結果になったからだった。

首相のブロイ侯爵は誠実な人柄で、大統領をよく助けたが、マクマオンが大統領に選出されたのは、あくまでも王政復古のためで、その時がくるまでのつなぎ役にすぎなかった。

共和国大統領として、マクマオンが王党派の顧問や共和派の閣僚に囲まれて行った最初の仕事の1つはなんと、約200ある新聞から、公式用語として「共和国」という言葉を追放することだった。

王党派のたくらみ

1874年2月発行の雑誌「リュニヴェル・イリュストレ」の挿絵は、エリゼ宮で開かれたマクマホンの最初の晩餐会(ばんさん)の様子を描き、エリゼ宮の主人の矛盾に満ちた状況をよく捕らえている。2頭馬車で到着する招待客を正面玄関で迎える従僕たちは王朝風のキュロット姿。玄関両脇に威儀を正している兵は、共和国騎馬隊伝統のあごひげを蓄えていた。

王党派は、自分たちの意のままになりそうなマクマホンの在任中に2つの王家の統一を図ってしまおうと、大統領の任期を7年の長期に延長する法案を採択した。1873年11月9日、この法案が議会で可決されたとき、王党派の議員はなんと、「共和国大統領、万歳!」と叫んだ。

いずれにせよ、エリゼ宮はこの毛並みの良い誠実な主の下で、かつての栄光を取り戻しつつあった。マクマホンは将軍として兵士統治の術を心得ていたので、統治には威厳が必要なことを知っていた。ガーデン・パーティーでは任地先で知った異国情緒あふれる東洋風料理も並び、珍しいもの好きのパリの上流階級や、外国からの賓客を魅了した。

ナポレオン3世が舞踏場として使用したサロンは晩餐会場に模様替えし、多くの賓客を

迎えた。大統領はフランスの栄光のために私財も使った。貴族出身の夫人は、恵まれない子供たちのための肌着類を製作するアトリエをエリゼ宮内に設置した。エリゼ宮はやっとそれにふさわしい住人を得たとも言える。

ただ、大統領が正式に「共和国大統領府」の身分でエリゼ宮入りしたのは74年9月だ。そして法的に「共和国大統領」と規定されたのは、さらに後の79年1月22日だった。

一方、王党派の願いもむなしく、肝心のシャンボール伯は依然として三色旗を拒否していた。王家の白旗を認めないかぎり、王座には座らないと宣言していた。さすがの王党派も「彼が目を開くか、さもなければ永遠に目を閉じるかだ」と、ひそかに覚悟を決めざるをえない状態だった。

かくて国民議会は、4年間の無駄な王位継承問題の議論の後にやっと新憲法の審議に入った。30人の議員による委員会が結成され憲法草案を準備したが、すべて否決された。議員の任期切れが迫った75年1月に再度、草案が審議された結果、前述したようにたった1票の差で共和制を認める法案が通過した。この時、遅刻した議員が、この日に採択されるとは予測していなかったのも無理はない。第三共和制が王党派と共和派の妥協の産物といわれるゆえんでもある。

第三共和制の憲法は大統領にさまざまな権力を与えた。首相や閣僚の任命権、軍隊の統

治権、条約の批准、上院の合意付きとはいえ下院の解散権のほか、大統領の免責特権も明記された。もっとも議員たちは、自分たちの権限を委譲するつもりは、まったくなかった。条文には「大統領のあらゆる決定には閣僚の副署」が必要と明記し、実質的には内閣の同意なしには何も決定できない仕組みにした。唯一の例外は「大統領恩赦」だった。死刑から数フランの罰金に至るまで自由に恩赦ができた。大統領恩赦は共和国の特徴の1つで、現在も大統領に与えられている。

偉大なフランスを誇示

マクマオンの唯一の欠点は、文化的素養に多少、欠けていたことだ。いくつかの逸話を残している。

エリゼ宮での夕食の招待を受けた知人が、「今晩は〝エルナニ〟を見に行きますので(見に行くは会いに行くとの意味もある)」と述べ、ヴィクトル・ユゴーの評判の劇作を観劇することを伝えて辞退したとき、大統領は「そのエルナニも一緒に連れていらっしゃい」と答えた……。

エリート校ポリテクニック（理工科学校）の視察の際にも失態を演じた。学長から「今年の新入生の"首席"は開闢以来、初めてアフリカ出身なのでお言葉をかけてやってください」と事前にささやかれていたのだが、威儀を正して整列している生徒の前に現れた大統領は、先頭の漆黒の肌をした生徒に「ああ、わが友よ、君がニグロだね」とおもわず声をかけてしまった。ポリテクニックには、現在でも首席の生徒を「ニグロ」と呼ぶ伝統があるという。

しかし、文化的教養に欠けた大統領の下で文化の集合祭りでもあるパリ万博が開催され、オペラ座も開館した。エリゼ宮でも万博開催記念の晩餐会が開かれ、各国からの賓客でにぎわった。

フランスが内政のごたごたとは別個に、外面だけはいつも「偉大なフランス国家」を誇示するところは、現在も変わらない。大統領のいささか威厳に欠ける逸話があちこちで聞かれるようになったため、国民議会は大統領の威厳を保持させようと、77年度予算で、エリゼ宮の維持費として30万フラン、さらに同額を経費として計上する予算案を採択した。

大統領自身はこうした申し出を拒否したが、議会の方はこれまた、いかにもフランス的だが、共和派も王党派もそろって、エリゼ宮の住人や外観にはフランス国家の威信がかかわっていると考えていた。このとき下院は、76年の選挙で共和派が王党派をしのいでいた。

しかも、王党派の旗色はますます悪くなり、上院も共和派が多数を占めるに至り、マクマオンは79年1月28日、エリゼ宮で開かれた閣議で辞任を表明し、戦場で鍛えた張りのある声でメッセージを読み上げた。

「大統領の職を去るにあたって国家に仕えたこの53年間を考えるとき、名誉と義務以外の感情、および祖国への絶対的献身以外の感情によって導かれたことがなかったことを慰めとする」

王党派にかつぎ出されて戦場での名誉まで汚してしまった不幸な大統領は、私生活でも不幸で皮肉な立場に立たされていた。マクマオンも実は、エリゼ宮に2人の女性を連れてきた。1人はもちろん淑女の鑑（かがみ）のような貴族出身の夫人だが、もう1人は夫人の妹のボーモン伯爵夫人だ。その伯爵夫人がよりによって、マクマオンの政敵ガンベッタの愛人になってしまった。ガンベッタは普仏戦争時にビスマルクへの抗戦を主張し、軽気球でパリを脱出してスペインに亡命したが、講和条約後、帰国。共和派として王党派への攻撃を執拗（しつよう）に続けていた。

マクマオンの前任者ティエールは77年9月3日、マクマオン打倒の相談をするためにガンベッタと昼食中に倒れて、帰らぬ人となった。マクマオンの辞任にはこの美しくて気の強い義妹が政敵の愛人になったことも、多少は関係しているのかもしれない。

Chapitre 4　共和制の確立

晩餐会のあとは空腹

　第三共和制の憲法は大統領の権限を極めて制限しており、実質的な権限は内閣が握っていたので、大統領は「でくの棒（ソリボ）」と定義された。「ソリボ」とは「ソリヴ」の複数形で小型の根太や張りを意味する建築用語だ。あってもなくてもよいところから、これが転じて「お人よしのでくの坊」とか「気の弱い男」の意味がある。この「でくの坊」の典型が、マクマオンの後任の大統領、ジュール・グレヴィといわれた。

　グレヴィは初めて、第三共和制憲法にのっとって、上下両院による合同会議によって選出された大統領だが、エリゼ宮入りしたとき、すでに72歳だった。マクマオンが辞任したのは1879年1月28日の正午。グレヴィが当時、ベルサイユにあった上下両院で563票を獲得して新大統領に選出されたのは、同日午後7時だった。これは大統領の交代の速度として最小時間の記録だ。上院議員だったヴィクトル・ユゴーも1票を投じた。

　グレヴィは就任早々、当時はエリゼ宮の「肖像画の間」で行われていた閣議の席上、こう言った。「諸君、ご存じですね」。閣僚たちの長い討論の末に大統領が発言したので、全員が耳をそばだてた。続いて大統領はこう述べた。「私は何もしませんから」。その後の閣

議でも、「これは諸君の仕事です。諸君が責任者です」などの発言が目立った。大統領は中立で責任もなく、君臨すれど統治せず、というわけだ。

ある日、国立美術学校（ボー・ザール）の展覧会にやってきた大統領は、案内した学長にこう尋ねた。「今年の展覧会はどうですか」。学長が「傑作がまったくありません。どれもごく平均的な出来栄えで」と答えると、大統領はうなずきながらこう言った。「それは結構。まさに共和国とは、かくあるべきです」。第三共和制の性格を、彼なりに分析していたわけだ。

一方でエリゼ宮での生活には、かなり身を入れていた。エリゼ宮への移転費として代々の大統領と同額の60万フランを議会に要請し、各国の賓客を招いてのレセプションも開いた。早寝早起きで、ビリヤードだけが趣味だった。この趣味はルイ14世と同じだったが、国家元首としての威厳は皆無だった。元は帽子を作っていたという夫人も、同様だった。
エリゼ宮でのレセプションにも2人の性格がよく表れていた。「ラトランシジャン」紙には、次のような記事が掲載された。「夜会服を着た若い男が、昨夜午前零時過ぎにパン屋からパンを盗んだ。警官に尋問された男はこう答えた。共和国大統領の晩餐会から出てきたところだ。なにしろ、腹が空いてどうしようもなかったので」

あるいは、こういう逸話もある。ある侯爵邸の従僕が高給に引かれてエリゼ宮に就職す

るが、すぐに戻ってきた。そこで侯爵が理由を尋ねると、こう答えた。「エリゼ宮に行ったことを仲間に自慢したら、お前、それじゃ、格下げじゃないか、と言われたのです」

こうした逸話からは、第三共和制発足当時の大統領の地位が重みに欠け、貴族社会がまだまだ発言権を有していたことが伺える。

革命記念日が祝祭日に

第三共和制政府は1880年7月24日、革命記念日の「7月14日」を正式に国家の祝祭日に制定した。この時、祝典の主賓席を占めた公人の中で、大統領のグレヴィだけがレジョン・ドヌール勲章を受章していなかった。これではあまりにも格好が悪いと、ただちにレジョン・ドヌールの最高勲章グラン・クロワが授与された。これ以後、共和国大統領は就任と同時にグラン・クロワが授けられることになった。

かくて第三共和制は、憲法も整い、革命記念日を国家の祝祭日に制定し、フランスが共和国であることを内外に鮮明に宣言した。たとえ「偶然」によるとはいえ、フランス共和国は第三共和制で誕生したといわれるゆえんである。

このころから、革命記念日をはじめとした国家の行事に、国民が参加するようになり、極めてフランス的な中央集権国家の性格が顕著になり始めた。その典型が1885年の文豪で共和主義者の政治家ヴィクトル・ユゴーの葬儀だった。霊柩車はユゴーの遺志に従って庶民的なものだったが、棺の周囲を政府の高官が護衛する物々しさだった。

グレヴィ大統領の時代にはエリゼ宮の近代化も進み、初めて電話が設置された。実業家さえも当時、この文明の利器を利用していなかった。いち早くエリゼ宮に設置させた目的は、閣僚との連絡を密にするためではなく、まだ十分に考えられた王党派によるテロなどに備えて、近隣の兵舎と緊急連絡をするためだった。もっとも、グレヴィが1887年1月29日にエリゼ宮から最初に電話をかけた相手はベルギーのレオポール国王だった。この事実は、当時からエリゼ宮が伝統的に外交・国防の中心舞台であることを物語っている。

テロの恐怖に加えてグレヴィを悩ませたのが、パリ伯と共和派左派ガンベッタの存在だった。王党派は王政復古の夢が遠のいたことを自覚しながらも、いや、だからこそ、パリ伯が公衆の前に登場するたびに「エリゼ宮へ！」と叫びの声をあげ、グレヴィを憂鬱にさせた。

一方、ガンベッタは当初は入閣を拒否したが、1881年に首相に就任して「グラン・ミニステール（強力政府）」を目指した。この政府には、当時の議会で一大勢力を誇ったオ

ポルテュニスト（日和見共和派）のジュール・フェリーや、未来の大統領フェリックス・フォールがいたが、結局、2カ月しか続かなかった。

フェリーは80〜81年、83〜85年の2回、首相を務め、第三共制の、というより、フランス共和国の金字塔というべき教育改革を行った。初等教育の無償と、政教分離、非宗教の原則である。この原則は現在も共和国の原則として堅持されている。

フランスでこの数年、イスラム系移民をめぐって賛否を巻き起こしたいわゆる「スカーフ禁止法」もその典型だ。この法律は、ユダヤ教徒のキッパ（男子の帽子）、キリスト教の装身具以外の大型十字架など公教育の場での宗教的記章を禁止したものだ。イスラム教女生徒のスカーフだけではない。ところが日本では、「フランスはカトリックの国でイスラム教徒を迫害している」など、とんでもない誤解もあった。「非宗教」はフランス共和国のスローガン、「自由、平等、博愛」と同意語である。宗教的規律から解放されるがゆえに「自由」であり、公共への場で宗教的あるいは共同的外見とは無縁であるがゆえに「平等」であり、信仰とは無関係に市民的空間を構築できるがゆえに「博愛」だからだ。

公職につく親族

　第三共和制3代目の大統領グレヴィは可も不可もなく7年の任期を終え、1885年12月28日に次期大統領選が実施された。グレヴィは女婿の強い勧めで78歳で立候補したが、この年齢は立候補者の年齢としては現在に至るまで最年長者記録である。

　ただ、この選挙はあまり人々の関心を引かなかったのか、当時の有力新聞「ラトランシジャン」は選挙直後、グレヴィ続投のニュースを1行も報じていない。第1報は1カ月後だった。

　グレヴィは2期目をつつがなく過ごしていたが、87年4月21日に試練を迎えた。ドイツ国境で1人のフランス人官吏、シュネブレが理由もなく逮捕されたのだ。これはビスマルクが得意としたわなで、フランスの関心を引いて再度、戦争に持ち込もうという計画だった。同年8月15日に80歳を迎える老大統領は年の功もあってドイツの挑発には乗らず、戦争を回避した。

　しかし、この事件で人気を博したのが将軍のブーランジェだった。ブーランジェは86年1月に陸相に就任し、兵制の民主化や王族の追放などで人気を得たが、軍隊の近代化も図

Chapitre 4　共和制の確立

ったので、ビスマルクからは警戒されていた。大統領はドイツに強く抗議せず国民からは軟弱と見られたが、ブーランジェは強硬姿勢を示したので大衆に支持された。ドイツに対する「復讐将軍(ふくしゅう)」の呼び名も定着して大衆の人気はますます高まったが、87年5月の内閣改造では地方の軍団司令官に左遷された。彼が中央に復帰するのはグレヴィの失脚後だ。

失脚のきっかけは突然、やってきた。ウィルソンは、妻のアリスにまだ無名だった作曲家クロード・ドビュッシーを支援させるなど、夫としての影響力を発揮した。また、エリゼ宮にて働いた。ジャンクリストフは父親の死後、脱税で有罪判決を受けたが、父親の生前から、陰では「パパ・マ・ディ（パパが私に言った）」というあだ名が付けられた。父親の言葉をジャンクリストフがエリゼ宮でアフリカ担当を務めたほか、シラクの二女も広報担当として働いた。ジャンクリストフは父親の死後、脱税で有罪判決を受けたが、父親の生前から、陰では「パパ・マ・ディ（パパが私に言った）」というあだ名が付けられた。父親の言葉を自分の事務所を確保し、義理の父親にも影響力を行使した。エリゼ宮に7人の秘書も獲得して訪問客をさばいたが、その数は毎週、平均150人に上ったといわれる。

フランスでは、大統領の親族が公職の立場で働く例は珍しくない。ミッテランの長男、ジャンクリストフがエリゼ宮でアフリカ担当を務めたほか、シラクの二女も広報担当として働いた。ジャンクリストフは父親の死後、脱税で有罪判決を受けたが、父親の生前から、陰では「パパ・マ・ディ（パパが私に言った）」というあだ名が付けられた。父親の言葉をことあるごとに引用し、虎の威を借りたからだ。

ウィルソンの場合、度が過ぎていたうえに悪質だった。ちょうど値打ちが出始めたレジョン・ドヌール勲章をあらゆる国に売りまくるという、前代未聞の事件を起こした。ウィ

ルソンのこのいかがわしい商売については、グレヴィの1期目の83年ごろから取りざたされていたが、結局、うやむやのままにグレヴィは再選された。ところが87年9月にある女性が借りたドレスを返却しないという事件が起き、ドレスの所有者が、この女性が勲章売買に関与していると暴露した。証拠の書類を突き付けられたウィルソンはエリゼ宮を退散し、大衆紙「十九世紀」が「勲章密売」を大々的に報じ、11月には逮捕された。

首相就任を拒否

このレジョン・ドヌール勲章売買事件について、大統領自身は詳細を知らなかったと主張。ウィルソンとともにレストランの勘定を勲章で支払う風刺マンガなどが出回っても、辞職しなかった。

そして、内閣改造で窮地をしのごうと、まず、下院議員のジョルジュ・クレマンソー（1841〜1929年）をエリゼ宮に呼んで首相就任を要請した。

クレマンソーはその後、1906年と第一次大戦中の1917年の2回、首相に就任し

てエリゼ宮にも頻繁に出入りするようになるが、彼がエリゼ宮に足を踏み入れたのはこの時が初めてだった。クレマンソーはこの時、こう言って首相就任を拒否した。「大統領閣下、問題は二重にあります。現在われわれは、内閣の危機より政権の危機の方が強いと思っています」。大統領こそ、辞任すべきだと論じたわけだ。

クレマンソーは父親が医師だったので医学を勉強した。しかし、アメリカの南北戦争に参加して通信員を務め、のちに大統領になる北軍のグラント将軍の下でアメリカ政治と社会を研究し、アメリカ女性と結婚した。その後、パリで医師を開業した。

普仏戦争の時はパリ・モンマルトルの区長として講和条約に反対し、１８７６年から下院議員になった。81年の選挙では社会改革はフランス革命を完成させることと同様だと主張し、共和主義の立場を鮮明にした。現行の制度に見え隠れする王朝的原理を徹底的に打倒すべきだと訴え、教会と国家の分離や兵役の一般義務、地方自治や累進所得税、上院の廃止を含む憲法改正を主張した。

当時はまだ「虎」の異名では呼ばれていなかったが、雄弁な演説で、ガンベッタ内閣やフェリー内閣を倒した。グレヴィはクレマンソーに拒否された後、次々に首相候補者をエリゼ宮に呼ぶが、誰も引き受け手がいなかった。ついにある朝、ブーランジェの召喚を決め、エリゼ宮付きのブリュゲール将軍にその旨を伝えた。

ところが、ブーランジェの独裁的なところを危惧したブリュゲールは「もし、ブーランジェ将軍がやってきたら、私はエリゼ宮の正面玄関で彼の頭を撃ち抜きます」と宣言した。あらゆる内閣改造計画に失敗したグレヴィは87年12月2日、任期半ば前に大統領を辞任し、エリゼ宮を去った。

グレヴィが死去するのは4年後の91年だ。葬儀は生まれ故郷の仏中東部ジュラの村で行われたが、一応、国葬の形が取られた。

87年12月3日、第三共和制第4代大統領にサジ・カルノー（1837〜94年）が選出された。賛成616票、反対184票だった。この時、クレマンソーは、「最も愚者を大統領にした！」と皮肉を言った。議員の中で国家元首に適任とされていたのは、教育制度の改革などを遂行した実力派のジュール・フェリーだった。

燕尾服が公式服に

カルノーは、保守からも左派からも人気がなかった。「最も愚者が選ばれた」という言葉がたちまち流布されたのでクレマンソーは「そんなことは言わなかった」と、公式に否定す

Chapitre 4　共和制の確立

る声明を出したほどだ。

カルノは、フランス共和国に貢献した輝かしい一族の一員だった。祖父のマルゲリト・カルノは軍人だったが、フランス革命の時に革命に賛同し、国民公会議員になり、ルイ16世の死刑には賛成票を投じた。その後、軍事問題に専心して徴兵制施行にあたり、14軍団からなる近代的軍隊を創出した。王党派と見られて一時は流刑になったが、帰国。ナポレオンに反対して引退したが百日天下では内相に就任し、王政復古では追放されるという人生を送った。

その息子、つまりカルノの父親のイポリット・カルノは社会学者サン・シモンの影響を受けて議員になり、二月革命時には文相になった。ナポレオン3世に反対し、議員に選出されても出席しなかった硬骨漢だ。ナポレオン3世失脚後に共和派の議員になり、終身元老議員となる。つまり一族は、正真正銘の共和主義者である。クレマンソーも実際「カルノはあまり強くないし反動的だが、共和主義者の名前をもっている」と述べている。

カルノがエリゼ宮入りしたのは87年12月5日夕だった。この時、「諸君、あしたから仕事を始めよう。私は午前7時には執務室にいる」と述べた。ナポレオン3世の図書室だった部屋を執務室に選んだ。カルノが使用した大テーブルは、第五共和制5人目の大統領シラクの執務室の控えの間に置かれていた。もっとも、大統領の「仕事」とは要するに接見や

レセプションなど人と会うことだ。秀才校のポリテクニックとポン・エ・ショセを1番で卒業した新大統領はすでに公共事業相と財務相を歴任していたが、政治家としては目立った存在ではなかった。

内気で、髪も瞳もあごひげも黒く、どことなく地味な外見だったこともあり、「凡庸な専制君主時代が始まった」と、作家のエドモン・ド・ゴンクールは早速、書いた。

ただ、カルノはなかなかエレガントで、エリゼ宮では朝から晩まで燕尾服と白い胸当てを着用した。以後この服装が共和国大統領の公式制服になった。カルノ以降、大統領の公式写真が撮影されるようになり、現在に至っている。著名な経済学者デュポン＝ホワイトの娘である夫人は、美人で魅力的で品があり、あらゆる宮廷生活にふさわしい資格を備えていた。

彼女は、クリスマスには貧しい子供たちをエリゼ宮に招待した。この伝統を尊重したのがシラク夫妻だ。エリゼ宮に大木のクリスマスツリーを飾り、夫妻がエリゼ宮の職員の子供を招待していた。

ブーランジェの最期

カルノが地味な外見だったのに対し、「復讐将軍」ブーランジェは、偉丈夫な外見からも人気を得ていた。特に女性に人気があったが、知的でもなければ繊細でもなかったことは次の逸話でも知れる。テーブルの隣に座った婦人が彼に、「ま、なんてきれいな手をお持ちですこと！」と言うと、彼は「足もお見せしましょうか」と答えて、彼女をすっかり興ざめさせたという。もっとも彼はそれでも、女性たちに大いにもてはやされた。

ブーランジェは一時、地方に遠ざけられていたが、1889年1月27日のパリを含むセーヌ県の補欠選挙で、左翼と政府の統一候補を3分の1も引き離して選出された。ちょうど正統王朝継承者のシャンボール伯も亡くなったことや、パリ伯が多額の選挙資金を与えるなど王党派が一致して彼を支持していたことも大勝につながった。

この勝利の日、パリのマドレーヌ広場のレストラン・デュランで夕食を取っていたブーランジェに群衆は、「エリゼ宮へ！」と叫んだ。もしこの時、彼がクーデターを起こしていたら、成功していたにちがいない。しかし、彼は珍しく慎重だった。なぜか。実はこの時、ブーランジェは夕食を愛人のマルグリット・ド・ボンヌマンと差し向かいで取っていた。

ブーランジェはレストラン内にまで押し寄せた支持者に向かってこう言った。「どうして諸君は私に半年後にはフランス国民の投票によって座ることになる権力の座を不法に奪わせようとするのか」。そして先に帰った愛人の後を追って去って行った。彼女が不法で危険なクーデターを嫌ったのだ。愛が政治に勝ったということなのだろうか。

一方、エリゼ宮では厳戒態勢が敷かれ、カルノ大統領夫人が祈っていた。目と鼻の先の内務省に集合した閣僚とともに選挙結果を聞いていた。

この時、警視総監がやってきて、こう告げた。「将軍は寝室に行きました」。閣僚たちは驚いてただす。「寝室に行った?」。警視総監は「ええ、ご婦人と」と答えた。そこで、カルノはこう言った。「彼が良い手本を示してくれた。われわれも寝室に行こう」

カルノはその後、保守派の党首たちと会合を重ね、ブーランジェを支持していた王党派ともひそかに話をつけた結果、ブーランジェは4月1日、パリを脱出してブリュッセルに向かった。そこにはすでにド・ボンヌマンが亡命していた。ブーランジェは結局、結核で死んだこの愛人の墓の前で自殺した。

クレマンソーはこう総括する。「彼は彼が生きたように死んだ」。つまり、ブーランジェは血の気が多く、愛に弱いフランス人の典型にすぎなかったというわけだ。

Chapitre 4 共和制の確立

凶刃に倒れた大統領

ブーランジェに「エリゼ宮へ！」と叫んだ群衆はその後、フランス革命100周年を記念する1889年のパリ万博と、その2年前に建設が始まった「鉄の女王」つまりエッフェル塔に夢中になり、ブーランジェのことはすっかり忘れてしまった。危機を回避したカルノは、万博を機にエリゼ宮の改造費として20万フランを議会から獲得し、大舞踏会用のホール「祝祭の間」を建設した。

1889年5月6日、カルノは万博とエッフェル塔の開会式に臨んだ。高さ300・75メートル、階段数1719段の塔は見上げるだけで目がくらんだ。その前夜、カルノはエリゼ宮を出るところを銃撃されるという不吉な事件に見舞われた。さいわい暗殺は未遂に終わったが、この教訓は結局、生かされなかった。

5月25日には増築されたエリゼ宮の「祝祭の間」で初のレセプションが開かれ、約800人が招待された。エリゼ宮には電気も設置され、ランプ生活に別れを告げた。こうこうと輝く光の下で、カルノ大統領夫人は際立っていた。そのいでたちは「パール・グレー

のリヨン産の絹の布地に銀糸で刺繡をしたドレスと、同色の羽根飾りにダイヤモンドのエポレット（肩紐）であったという。

しかし議会は「祝祭の間」に置く家具などの支出を拒否したので、招待客はあちこちの部屋から寄せ集められた椅子に座った。

カルノ夫人は服装のセンスも良かったが社交家でもあった。1891年にはエリゼ宮で初のガーデン・パーティーを開催した。当時流行のポルカやマズルカが踊られる一方で、テニスやクロケットのスポーツも行われた。秀才校の理工科学校（ポリテクニック）の生徒や上流階級の娘たちが招待されて一種のお見合いが行われ、多数のカップルがエリゼ宮の庭園で誕生した。

しかし、カルノの方はパナマ運河事件に悩まされていた。日刊紙「ラ・リーブル・パロール」が92年12月7日付でパナマ運河をめぐる汚職事件を暴露。閣僚をはじめ議員や官僚、作家など約150人が疑惑の対象になった。もっとも、最終的には元閣僚1人が有罪になっただけだった。カルノはこの事件をどうやら乗り切り、93年8月の総選挙では政府与党が311議席を獲得して勝利した。王党派やカトリックの票が流れたのが勝因だったので、カルノの政策は帝国主義的になった。この時の選挙では、のちに大統領になるポワンカレが33歳で入閣している。

Chapitre 4　共和制の確立

一方で、ロシアの思想家バクーニンの影響を受けたアナキストがパリで増加し、手製の爆弾を使ったテロも続発した。下院として使われはじめたブルボン宮にも、爆弾が投げ入れられた。テロ防止には厳罰以外ないというのが当局の方針だったので、たとえ未遂でも犯人はギロチン台に送られた。

これに対し、アナキストたちは報復テロで報いた。大統領の恩赦が唯一のギロチンからの救済方法だったが、下院に爆弾を投げ込んだヴェランの恩赦についてカルノが「私の弱腰がテロを増発させる」と、弁護士のミルランの要請を拒否した。

これは非常に勇気のいることだった。カルノ自身がテロの対象になるのは必至だったからだ。ヴェランがギロチン台に送られた半年後の94年6月24日、それは現実になった。カルノがリヨン万博を訪問した際、馬車に飛び乗ってきた20歳のイタリア人テロリスト、サント・カセリオに刺されたのだ。

肝臓を刺されたカルノは、3時間苦しみ抜いた末に絶命した。国民がひっきりなしに最後の別れを告げ、棺はおびただしい花で覆われた。偉人としてパンテオンに祭られた共和国大統領は、最初にして目下のところ最後である。

「ポンパドールの間」に4日間安置された。エリゼ宮に戻った遺体は

われ弾劾す

1898年1月13日、ジョルジュ・クレマンソー主宰の新聞「オーロール」は1面トップに、フランスの代表的な自然主義作家エミール・ゾラ（1840〜1902年）の、ドレフュス事件を糾弾する歴史的な文章を掲載した。フェリックス・フォール大統領にあてた公開質問状だ。

「私はデュパティ・ド・クラン中佐を弾劾する。中佐は知らずに——私はそうであってほしいと願うが——悪魔の手先となって働いた結果、裁判は判決を誤り、ついでにその忌まわしい働きを擁護するために、3年間にわたって考えられるかぎりの悪辣で恐るべき陰謀を用いてきたからだ。……私はメルシェ将軍（陸軍大臣）を弾劾する……ビヨー将軍を弾劾する……」

国論を二分したこの事件は、1894年9月24日、陸軍参謀本部がユダヤ系将校アルフレッド・ドレフュスがドイツのスパイであることを裏付けるとする明細書（ボルドロー）を入手したときに始まり、1906年7月12日に破毀院（最高裁判所に相当）が無罪判決を下すまで10年以上も続いた。第三共和制の喉元深く刺さったトゲ、といわれたゆえんだ。

Chapitre 4　共和制の確立

「ドレフュス事件」(1959年刊)の著者ピエール・ミケルは、「世論に浸透していった反ユダヤ主義の運動を念頭におくことなく、事件の全貌をあきらかにすることは不可能だった」と指摘した。確かにフランス内政は第二次大戦を経て現在に至るまで常に、「反ユダヤ主義」と「人種差別」が焦点の1つとなってきた。

ドレフュス事件の約10年間にエリゼ宮の住人は、カジミール・ペリエ、フェリックス・フォール、エミール・ルーベ、アルマン・フェリエールの4人を数えた。しかし彼らの名前はほとんどフランス史上にとどまることはない。この事実からも、第三共和制の大統領が、いかにお飾り的存在だったかがうかがえる。

代わって活躍したのが首相や大臣たちだ。特にクレマンソーやレイモン・ポアンカレ(1860〜1934年)の名は世界的に知られている。ポアンカレはフェリエール大統領のもとで首相を務め、後に大統領になった。"100年の謎"と言われる難問「ポアンカレ予想」で知られる天才数学者アンリ・ポアンカレのいとこである。

ジャーナリスト出身で首相を2度務めたクレマンソーはシャンゼリゼ大通りに立派な銅像があり、地下鉄の駅名にもなっている。1961年に就航した空母の名前にも採用された。空母クレマンソーは湾岸戦争で活躍し、1997年に"退役"するまで国民に慕われた。2004年、解体処理に向かったインドで船体に使用されているアスベストのために

領海入りを禁止されたが、大洋をさまよう姿にフランス人がやきもきしたのも、こうした歴史的背景があるからだ。

ゾラは公開質問状に特に題名は付けなかったが、「われ弾劾す」との迫力ある見出しを付けたのはクレマンソーだった。ドレフュス事件ではゾラのほかにシャルル・ペギー、ジャン・ジョレス、モーリス・バレスなどのいわゆる知識人が論争に参加したが、「知識人」という言葉の名付け親もクレマンソーである。

「知識人」はこの後、フランスの国内外を問わず世論を揺るがす大事件には必ず論客として登場し、国論を左右する重要な役割を演じている。文化大国フランスたるゆえんでもある。

国境の町に生まれ

ドレフュス事件の発生当時、新聞は飛躍的に発展した。1860年にはパリで12紙、地方で十数紙という状況だったが、92年にはパリで79紙、地方で257紙に膨れ上がった。ジャーナリストの数も、パリで85年に1000人だったが、96年には2800人とほぼ3

倍になった。大統領ら政治家に関する報道が主流を占めた。暗殺されたサジ・カルノの後継者カジミール・ペリエは大ブルジョア階級出身だったのでパリっ子から反感を買った。新聞も、「カジミールの金はどこからきたのか。炭鉱労働者の汗を絞り取ったものではないか」と糾弾した。

政府は相変わらず大統領を無視し、重要書類を上げなかった。

も、陸軍大臣メルシェがエリゼ宮に来て簡単な報告をしたということ自体、最初から国家それでも、陸相がわざわざエリゼ宮にやってきて報告したということ自体、最初から国家的な事件だったことを物語っている。

ドレフュスは1859年、ドイツとの国境の町ミュルーズで生まれた。子供のときプロイセン軍に侵入され、故郷を逃れた経験がある。これが契機で少年時代から軍人志望になった。18歳で秀才校のポリテクニクに入学。21歳で陸軍中尉に、29歳で大尉に昇格した。30歳で軍人のエリート校陸軍大学に入学した。同校でも成績優秀で、卒業時には素晴らしい推薦状をいくつももらった。「頭脳明晰(めいせき)、体格、健康、軍事理論優秀」などの推薦文とともに、「性格明朗」という表現もあり、誰からも愛される好青年だったことがうかがえる。ユダヤ系のせいか校長のボンヌフォン将軍には嫌われていたが、それでも卒業の成績は81人中9番だった。一方、参謀総長ボワデッフル将軍は、ドレフュスがお気に入りだった。

事件が発生したときは35歳で、陸軍の花、砲兵隊の大尉として参謀本部に勤務していた。富裕なダイヤモンド商の娘を妻とし、2人の子供にも恵まれた。

この陸軍大学は、第五共和制初代大統領ドゴールも卒業生だ。軍士官学校卒業後、第一次大戦での捕虜経験の後に入学した。在学中、捕虜経験とともにソビエト誕生やドイツの国際連盟加盟などの国際的な動きも踏まえ、仏軍も「状況ドクトリン」を受け入れるべきだとする著作「敵方における不和」を発表した。教授陣に無断で出版したせいか、入学時に129人中33番だった成績は52番に下がった。卒業後、成績順に配属される勤務地はドイツ南部マインツのライン地方軍参謀見習だった。実際には、食料補給係であった。

ドレフュスが砲兵隊に配属されたころ、仏軍の火砲技術は飛躍的な進歩を遂げた。1890年以前から220ミリ砲が製作されていたが、92年には120ミリや150ミリの曲射砲が発明されて砲兵隊に革命をもたらした。93年には連射銃のルベル銃が改造され、94年には75ミリの速射砲が誕生した。いざ戦闘となれば野戦要員として140万人、要塞駐屯要員として40万人、後方守備要員として75万人の動員が可能だった。

ドイツは当時、仏東部ナンシーへの集中攻撃計画を検討し、ベルギー侵略構想も研究していた。フランスの宿敵ドイツにとって、スパイの存在は大きかった。

100年後の名誉回復

「宗教戦争の宣戦布告状」と言われたエドアール・ドリュモンのユダヤ人排斥書「ユダヤ人のフランス」が出版されたのは1886年だ。ドリュモンは90年には反ユダヤ同盟を創設し、92年には反ユダヤ主義の新聞「リーブル・パロール」を創刊。友人のモレス侯爵らとともに陸軍内部の「ユダヤ人支配」を非難し、ユダヤ人やユダヤ人の疑いのある将校を見つけては決闘を申し込んだ。

こうした中で、「フィガロ」紙が「反逆事件」との大見出しで94年11月1日、「慎重な捜査の結果、かなりの資料を外国に通報した容疑で、将校が非公式に収監された」と報じた。「リーブル・パロール」は、「大逆罪！ ユダヤ人将校逮捕！ ドレフュス大尉！」と実名入りでセンセーショナルに報じた。

ドレフュス逮捕のきっかけの一つは、駐仏ドイツ大使館から盗み出された「明細書（ボルドロー）」の筆跡とドレフュスの筆跡が似ていたからだ。しかし後に、真犯人は「ボルドロー」の筆跡と陸軍省への就職願の署名が一致したハンガリー貴族出身のエステラジー陸軍少佐だったことが判明した。しかし、94年末の軍事法廷ではドレフュスは無期禁固刑の

判決を受け、仏領ギアナの悪魔島に送られることが決まった。そして、翌1月5日早朝、いてつく寒さの中でドレフュス事件の性格を象徴する位階剥奪式（はくだつ）が行われた。

士官学校の校庭に全連隊が派遣した選抜隊が集合。その前でドレフュスの軍服のボタンが引きちぎられ、剣がへし折られたのだ。軍人として屈辱の極みのこの儀式は、ドレフュス関係のあらゆる書物で挿絵に使われ、広く流布されている。儀式には極右作家で政治家のモーリス・バレスも外交官のモーリス・パレオローグも参加。集まった群衆は、「ユダヤ人をやっつけろ！　反逆者を殺せ！　ユダヤを殺せ！」と叫んだ。責任者のゲラン少佐はこの日、日記に「式、終了。ドレフュスが無罪を訴え、フランス万歳を唱えたほか、異状なし」と記した。

ドレフュスに破毀院（はき）が無罪判決を下してからちょうど100年目の2006年7月12日、当時のシラク大統領は陸軍士官学校に大尉の子孫や出身校ポリテクニックの生徒を集め、改めて「名誉回復」の式典を行い、国家のこの野蛮な行為を反省した。メディアも大々的な特集を組んだが、それだけフランス人に反ユダヤ主義の根が深いともいえる。

1895年1月17日、首相のシャルル・デュプイが事件の紛糾にいたたまれず、辞表を提出した時、カジミールは「私も貴殿と一緒に出て行く」と言った。フランス共和国大統領として在職7カ月は、現在に至るまで最短期記録である。

カジミールの後任にはパリの下町フォーブール・サンドニの椅子職人の息子フェリックス・フォールが就任した。フォール自身も若いころは皮なめし職人だったが、一念発起して商人になり、仏北部の港町、ルアーブルで成功した後、政界に身を転じた。大統領選が行われた時は海軍相に出世していた。

カジミールは後任者にこう言った。「2つの理由で貴殿は私に比べて業務が容易にこなせるはずです。1つは出身階級のおかげで、誰もあなたを共和主義者ではない、と疑わない。もう1つは、死者より生者の後任の方が楽、ということです」。

ドレフュス事件の影

フォールがエリゼ宮入りした1894年当時、フランスは近隣諸国から軽蔑のまなざしで見られていた。手痛い敗北を喫した普仏戦争からすでに24年が経過していたが、王党派による王政復古の失敗により〝まぐれ〟で誕生した第三共和制で、歴代大統領はいずれも良き共和国のイメージを与えることができなかったからだ。誰ひとり、7年の任期を全うした者もいなかった。

フォールは美男だったので「美男のフェリックス」とあだ名をつけられ、前任者の予言どおり、大衆の人気を博した。第三共和制の大統領職の何たるかも心得ており、行政にはいっさい口出しせずに「死者の役割」をみごとに演じた。

しかし、97年にひそかに75ミリ砲の製造のために予算を計上するなど、先見の明もあった。第一次大戦の第1の功労者をフォールとする歴史家が多いのもうなずける。フォールは、「外交と国防は大統領の専管事項」というフランス共和制大統領の伝統的権限を、真っ先に行使した大統領ともいえる。しかし、98年になるとドレフュス事件の影がエリゼ宮を覆うようになる。1月13日にゾラがフォールあての公開状「われ弾劾す」を「オーロール」紙に発表し、当日の「オーロール」紙は20万部を完売した。一方で反ドレフュス派の急先鋒「リーブル・パロール」は50万の発行部数を誇り、しかも上流のユダヤ人の中にも反ドレフュス派がいた。

ユダヤ系作家のプルーストは「失われた時を求めて」の主人公、スワンを通して、彼らの心情を代弁させた。スワンがドレフュス擁護の署名を拒否したところで、こう記述する。「そうすることはあまりにもヘブライ的で、かならず悪い効果を生むと思ったからだ。再審に関するすべてを是認したが、フランス陸軍への反対運動には一切、かかわりたくなかった……スワンは多くの人々の目にはドレフュス派と移っていたが、私の友人は彼を、国家

主義に毒された勲章好きの日和見主義者と見なしていた」

ゾラは当時、小説家として世界的名声を得ていたが、前年からすでに「ドレフュス擁護派の一員」になっていた。「われ弾効す」の影響が多大だったことは、ゾラが後にこの事件で有罪判決を受けたことからもうかがえる。反ドレフュス派は数の上では擁護派を圧倒していた。

1898年9月、ヨーロッパの列強による植民地獲得戦争の象徴であるファショダ事件が発生した。フランスの経済学者ポール・ルロワボーリュは1874年に「植民地化とはある国民の拡張力を指す……膨張力であり増大力である」と述べ、植民地政策を正当化した。フランスがアルジェリアを植民地にした30年ごろから英仏独は激しい植民地獲得戦争を展開し、特に英仏の競争は熾烈を極めた。ドイツのビスマルクが画策し、フランスを反英に仕向けたという背景もある。

フランスはイタリアと争ってチュニジアの保護権を獲得し、1881年にチュニジアの町バルドでバルド条約をチュニジアと結んだ。英国は翌年、エジプトに出兵して事実上の支配下に収めた。

また、ドイツ、オーストリア、ロシアが1881年に三帝同盟を締結。1882年には、イタリア、ドイツ、オーストリアの三国同盟が結ばれた。三帝同盟と三国同盟は何回か更

新され、フランスは徐々に孤立していった。

大統領の「過労死」

英仏の植民地争奪戦が激化する中で、フランスはアフリカを横断して植民地にする政策を敢行し、英国は縦断政策を実施していた。両国が鉢合わせするのは当然の帰結だった。その地点がスーダンのファショダだった。フランスの指揮官は、探検家でもあるマルシャン大尉だった。大尉は2年の歳月をかけた末に1898年7月10日、ファショダに到着した。エジプトを統治していた英国のキッチナー少佐が到着したのは9月18日だった。両者の会見でキッチナーは、「フランスがスーダンおよびナイルを占領することは、エジプトと英国の権利を侵害するもの」と主張した。問題の解決は、本国政府間の交渉に委ねられることになった。1899年3月に英仏は協定を結んだ。スーダンは英国とエジプトの共同統治下に置かれたが、フランスはスーダンからナイル川流域に対する通商権を得た。結果的には、英国の縦断政策が覇権を握った結果となった。

シャルル・ドゴールは『大戦回顧録』の冒頭に、こう書いている。「わたしの子供時代、

さまざまな人の顔や言葉によって啓示されたわが国の弱点や誤謬、たとえばファショダの放棄、ドレフュス事件、社会闘争、宗教上の不和軋轢などほど、わたしを悲しませたものはない」

ファショダ事件は当時、英仏両国の世論を激昂させ、開戦前夜という雰囲気を作り出した。フォールはあまりにも早く、英国に譲歩しすぎたとの批判も受けたが、彼の断固とした態度と決断が戦争回避につながったことは確かだ。

フォールは第三共和制の大統領として初めて無事に任期を終了するはずだった。ルイ14世の「太陽王」をもじって「太陽大統領」と呼ばれ、ハンサムで魅力的なため女性たちから人気があった。しかしこの魅力が、持病の動脈硬化とともに、大統領の命を奪うことになった。

99年2月6日、大統領は足のだるさを訴え、朝の乗馬を中止した。しかし午前10時には通常通りエリゼ宮で閣議を主宰し、改めてドレフュス事件の再審問題が検討された。当時、ドレフュスの無罪はあまりにも明白だった。午後4時15分、ドレフュス擁護派のモナコのアルベール王子が、ドイツのヴィルヘルム2世の証明書を携えて面会にやってきた。そこには、ドイツのスパイが「ドレフュス大尉とは一度も接触したことがない」と証言した旨を保証すると記されていた。

そして午後5時半ごろ、大統領は「銀の間」で愛人のマルグリット・ステンエイル夫人と〝会見〟した。40分後に起きた〝事件〟について、大統領の秘書ルイ・ルガルは次のように述べた。

「6時少し前、大統領と夫人が会合している部屋から叫び声が聞こえた。大統領は苦しみ、夫人は恐怖のあまり、長椅子(いす)の上で狂乱し……エリゼ宮付の医師が駆けつけ、緊急措置を行った。夫人はやっと衣服をまとうと、取り乱していたためコルセットを忘れて帰った」

大統領は午後10時に絶命した。エリゼ宮の住人でこの館で死去したのは、初代の住人エヴリュ伯爵以来だった。医師は診断書に大統領の死因を「過労死」と記したが、国民はたちまち、真の死因を察知した。享年58歳だった。

貞奴パリで喝采

〈影のダンス、田園のダンス、軍隊のダンス、オペラコミック座のコーラス、カミ一座による「芸者と武士」2幕、スペインのダンス、ジャワ一座、日本一座、シンハ

ラ（セイロン）一座、イタリアのダンス、ロシアのダンス……〉

1900年8月19日、エリゼ宮の庭園で開催されたガーデンパーティーのプログラムだ。この中のカワカミ一座というのは、川上音二郎、貞奴の一行13人を指す。明治の元勲らの寵愛を受けた日本橋葭町の芸者・貞奴は、「板垣君遭難実記」などの書生劇で名をはせた時流風刺の「オッペケペ」の川上音二郎と知り合い、芸者を廃業して結婚した。2人は神田に川上座を新築開業するが、音二郎が衆院選挙に落ちるなどで行き詰まり、1899年、米国巡業に出発した。

一行は英国を経て1900年6月末にパリに到着した。ロイ・フラー劇場に7月14日の革命記念日から1週間、特別出演するためだ。パリ到着前に、ニューヨークやロンドンでも長期公演を行い、「芸者と武士」などが好評を博した。ロンドン公演の際は、英国皇太子が「さながら日本の美術を観賞するようだ」と感激し、日本円で4000円相当の小切手を届けたと伝えられる。

パリは文化の爛熟期ベルエポックを迎えていた。アイルランド系のアメリカ人舞踏家イサドラ・ダンカンがパリを魅了していた。ダンカンは古典バレエを離れ、ギリシャ風トゥニカ（寛衣）をまとい、バレエシューズを脱いで裸足で踊った。ダンカンの衣装は、ハイウエストのシンプルなデザインで女性をコルセットから解放したデザイナー、ポール・ポ

238

ワレにも影響を与えたといわれる。このダンカンにも影響を与えたのが、川上座と契約を結んだロイ・フラーだ。

音二郎が「食えないばあさん」と評したように、フラーは興行主としては出演料を値切るなどなかなかのやり手で、500人収容のロイ・フラー劇場を主催していた。米英で評判だった一行と早々に契約を結んだが、初日の入りが悪かったため、「ハラキリ」の場面を加えるように注文した。

音二郎は裟裟御前に横恋慕した遠藤盛遠が誤って裟裟を殺す「裟裟と盛遠」を下敷きにした舞台で、盛遠が出家せずハラキリをするという筋に変更することに最初はためらったが、最後は、仁王立ちになって派手にハラキリを見せるという思い切った演出で大喝采を博した。その結果がエリゼ宮への招待だった。

1900年4月14日、パリ万博はフォールの後任の第三共和制第7代大統領エミール・ルーベによって開会された。シルクハット姿の大統領はこの日、シャンゼリゼ大通りを凱旋門からコンコルド広場まで、なんと自動車で行進した。

大統領が馬車ではなく自動車でこの大通りを行進したのはこの日が初めてだ。時速30キロとはいえ、「速度」という新時代を象徴する自動車の登場は、いかにも20世紀の幕開けにふさわしかった。パリの空は晴れ上がり、春の微風が吹く中、お祭り好きのパリっ子は待

ちに待った祭日を迎えた。

パリ万博の栄光

　川上音二郎、貞奴らが出演したエリゼ宮のガーデン・パーティーの出し物が極めて国際色に富んでいたのは万国博覧会の一環だったからだ。一行がパリに到着したのは、万博の真っ最中だった。

　万国博覧会が初めて開催されたのは1851年、英国の首都ロンドンだ。パリでは1855年に初めて開催された。万博は、英仏が植民地という資源と市場を競って産業を飛躍的に発展させ、大帝国を築き上げた栄華の結実でもあった。

　ロンドン万博ではクリスタル・パレスが建設されたが、89年のパリ万博ではエッフェル塔が完成し、フランスと万博の威光を遠く海外にまで響き渡らせた。エッフェル塔には5月から10月の6カ月の開催中に内外から約2800万人が訪れ、たちまちパリの象徴となった。

　1900年の万博ではアール・ヌーボの旗手エミール・ガレに最優秀賞のグランプリが

授与された。ガラス製品などの工芸がこの時、彫刻や絵画とともに、晴れて芸術の仲間入りを果たした。1900年の万博はその規模の壮大さで89年の万博をもしのいだ。アレクサンドル3世橋や展示場のグラン・パレとプチ・パレのほかにオルセー駅(現在のオルセー美術館)が建てられ、パリの景観を一変させた。

なによりも注目すべきは、4月から11月の会期中に入場者約5200万を動員した点だ。20世紀という大衆動員の時代の到来も告げていたからだ。

106年後の現在のフランスの人口は約6200万人、年間観光客数は世界一の約7500万人だ。この数字からも1900年のパリ万博が破格の盛況だったことがうかがえる。観光客が人口を上回るという特色は変わらないが。

フランスの人口は普仏戦争直後の1876年が約3700万人、1911年が約3900万人で、この間、あまり増えていない。近隣諸国の19世紀後半から20世紀にかけて人口の膨張はロシアが2倍、ドイツ60%、英国52%増と顕著だ。フランスだけ人口が伸び悩んだ理由は明確に解明されていないが、ビデの存在を指摘する俗説もある。

パリの地下鉄も1900年の万博に合わせて開通した。入り口の「METROPOLITAIN」と書かれた鉄製アーチは、アール・ヌーヴォーの建築家エクトル・ギマールの作品だ。パリの地下鉄がロンドン、ニューヨーク、ベルリン、ブダペストより遅れて開通

した割に有名なのは、この粋で典雅なギマールの作品の貢献もありそうだ。

開通1号は凱旋門の先のポルト・マイヨからシャンゼリゼ大通りの下を通ってパリ郊外ヴァンセンヌまでの約10・6キロで駅数は18。開通は4月14日の万博開会日の予定だったが工事が遅れ、革命記念日の7月14日にやっと間に合ったところも、パリらしい。

ロシアとの縁

ルーベは、パリ万博開催中の1900年9月22日、テュイルリー宮殿の広場に設置した大テントで、全国約2万人の市長を招待して大宴会を開催している。1792年9月22日に王制廃止が議決されて共和制が誕生したからだ。"まぐれ"で誕生した第三共和制の、もう1つの誕生日と言ってもよい。

歴史家のモーリス・アギュロンは1900年の万博を「二重の成功」と総括した。「第1に技術面。これほど多数の人が訪仏できたのは、フランスに鉄道網が深く張り巡らされているからだ。第2に政治面。これほど多数が訪仏を希望したのは、共和制が田園地方さえ征服、あるいは丸め込んでいるからだ」と。フランス全土を共和制の威光が覆っていたこ

242

とがうかがえる。

エリゼ宮は外交の舞台として重要な機能を相変わらず発揮した。エリゼ宮を訪問する各国の賓客は、英国国王エドワード7世、スペインのアルフォンス13世、ベルギーのレオポルド2世ほかペルシャ国王やロシア皇帝などの王族以外に、新大陸米国を象徴する実業家ロックフェラーの姿もあった。万博に合わせて架けられた仏露同盟の象徴、アレクサンドル3世橋の開通式にはロシア皇帝のニコライ2世も出席する予定だったが、都合で欠席となった。

1992年2月に当時のロシア大統領のボリス・エリツィンがフランスを公式訪問した際、当時の大統領ミッテランは、エリゼ宮での歓迎レセプションで、仏露の歴史的関係の深さを強調した。「私は毎日、(自宅のあるセーヌ川左岸からエリゼ宮に出勤するため)アレクサンドル3世橋を渡っている。今日は2人でアレクサンドル3世橋を渡った」と。

ミッテランはこの時、エリツィン夫妻の宿舎にベルサイユ宮殿の離宮、大トリアノンをあてた。これは1717年、名君の誉れ高いピョートル大帝がルイ15世の招待で訪仏した時に宿泊したところだ。

エリツィンは訪仏中に国民議会を表敬訪問したが、この時、約100人のフランス人が帝政ロシア時代のロシア国債の払い戻しを求めてデモを行った。1917年のロシア革命

Chapitre 4 共和制の確立

当時、約160万人が総額100億金フラン分の国債を所持していた。金フランは1803年に金の価値を基に制定した単位だ。100億金フランは当時の2000億フラン（約305億ユーロ）に相当する。死亡したり破棄した者もいるので1992年には所持者は推定15万～50万人、総額も70億金フランに減っていたとみられるが、有効性をずっと信じて保管していた者がいたというわけだ。

目まぐるしく体制が変わったフランス人は共産主義という体制もいつか崩壊すると、歴史の教訓として学んでいたに違いない。国債の問題についてはその後、正式に返還が決まった。

万博に欠席したニコライ2世からは、エリゼ宮にいくつかの贈り物が届いた。碧玉で作られた精密なフランスの地図もあった。主要都市を記すマークには宝石が使用されていた。パリはダイヤモンド、フランス第2の都市リヨンはトルマリン（電気石）、南部の軍港都市ツーロンは金緑石といった具合だ。この地図は現在、パリから北約90キロのコンピエーヌの城館に保管されている。

ドイツの圧力

パリ万博当時、エリゼ宮の「祝宴の間」で開催される晩餐会には約100人の招待客が正装で臨み、18品のフルコースと5種類のワインを堪能した。広間の一隅では共和国衛兵の軍楽隊が演奏し、作曲家のカミーユ・サンサーンスが自作のピアノ曲を演奏した。ルーベ時代にエリゼ宮の1回のレセプションで消費されたシャンパンは1200本、赤ワインは1400本。シャポン（肥育鶏）が200羽などで一晩の1人当たりの費用は約300フランだった。当時の兵士の月給の30倍だ。フランスは共和制時代も、ルイ王朝時代とそう変わらない晩餐会を開いていたことになる。

こうした一種の宮廷外交の成果もあってか、あるいは親露、親英派の外相テオフィル・デルカッセの努力のたまものか、フランスの立場は徐々に回復した。1894年締結の仏露同盟は維持され、ファショダ事件で対立した英仏関係も、フランスびいきの英国王エドワード7世の1903年5月1日の訪仏で改善に向かった。

04年には英国のエジプト支配を承認する代わりにモロッコにおけるフランスの優先権を承認させる英仏協商が締結され、フランスは孤立時代から脱出した。

しかし、ドイツとの関係はあいかわらず指導者層の頭痛の種だった。ドイツ皇帝ヴィルヘルム2世はビスマルクさえ罷免し、独裁的傾向を強めていた。「ドイツの将来は海上にある」と述べ、ドイツの世界市場制覇、特にアフリカにおける植民地政策に野望を燃やし、フランスのスキを狙っていた。

まず、第一次モロッコ事件が勃発した。フランスはアルジェリアに隣接するモロッコの植民地開発に関しては当然、優先権があると考え、1900年12月の秘密協定でイタリアにはそれを承認させていた。ところが、ドイツは黙っていなかった。日露戦争でフランスの同盟国ロシアの敗北を見越したヴィルヘルム2世は05年3月にモロッコのタンジール港に上陸し、モロッコにおけるドイツの権限を宣言した。デルカッセは英仏協商を盾に、あくまでも対独強硬路線を主張して譲らなかった。05年4月末には英国のエドワード7世がエリゼ宮にやってきて、ドイツの駐仏大使も交えて大統領ルーベと協議したが、らちが明かなかった。

05年6月6日、エリゼ宮での閣議は沈痛な雰囲気に包まれた。冒頭、首相のルヴィエがドイツからの提案を伝えた。それは、デルカッセとフランス駐独大使の罷免だった。ルヴィエは、「もしドイツの提案を受け入れなければ、ドイツは宣戦布告なしにわが国に侵入することはまちがいない」と述べ、提案を受け入れるよう進言した。

ルーベが順番に出席者の意見を聞いたが、デルカッセを除いて全員がルヴィエを支持した。ルーベは沈黙した。彼の頭の中は、来年の任期満了を無事に迎えることだけだったかもしれない。デルカッセは辞任し、ドイツとの戦争は辛うじて回避されたが、この時のフランスの態度は高くついた。ヴィルヘルム2世が、フランスには強硬態度で臨めば何事もかなう、との信念を得たに違いないからだ。それはドイツ国民全員の信念の、この日こそが第一次大戦の始まりの始まりだった、と指摘するフランスの歴史家もいる。

モロッコ制圧

1906年1月から4月まで、スペイン南西部アルヘシラスでモロッコ事件の解決のための国際会議が開かれた。フランスは、英米の支持を背景に、モロッコの金融管理と港湾都市の警察権に対するフランスの優位性を認める協定を獲得。07年には仏英露の三国協定も結ばれた。ドイツは孤立した結果、フランスへの憎悪をますます強めた。

ルーベはアルヘシラス会議の最中の06年2月、第三共和制の大統領として初めて無事に任期満了を迎えた。第三共和制が始まって35年目にして初めて、大統領の新旧交代式がエ

リゼ宮で敢行されたのはそれから23年後だ。大統領退任後の余生としては最長記録だったが、1981年に55歳で大統領を退任したジスカールデスタンが目下、記録を更新中だ。

ドレフュス擁護者だったルーベは、軍法会議が再度の有罪判決を下す中、大統領特赦で1900年9月にドレフュスを釈放した功績もある。

大統領特赦は第五共和制の現在も大統領に与えられている特権だ。シラクは1999年、女主人殺害で有罪になったモロッコ人の庭師に証拠不十分として大統領特赦を与えている。

ドレフュスが正式に無罪となったのは1906年7月12日だが、同じ年の2月、ルーベは第三共和制の大統領として初めて任期を全うした。

次の大統領アルマン・ファリエール（1841～1931）について、当時の文明評論家アンドレ・ジーグフリードは「最も聡明な大統領」と評したが、その理由は不明だ。この時期に国難と戦い、歴史に名を残すのは06年に首相に就任したジョルジュ・クレマンソーや12年に首相に就任したレイモン・ポアンカレ（1860～1934年）の2人だ。

クレマンソーは第一次大戦中の17年から20年まで首相を務め、ポアンカレも13年に大統領に就任後、26年から29年まで再度、首相を務め、蔵相も兼任した。蔵相として第一次大戦後の財政危機を乗り切るため平価を5分の1に切り下げる「ポアンカレ・フラン」を採

用し、金本位制に戻すことを決定した。おかげでフランは安定し、外国から大量に流入した金は「ポアンカレ金貨」と呼ばれた。

ドレフュス事件で活躍したクレマンソーは、プロイセンとの講和条約に反対したのをきっかけに医師から政治家に転じ、急進社会党を結成。議会では激しい政府攻撃を行い「虎」の異名で鳴らした。パナマ事件での政治家の汚職に嫌気がさして以後ジャーナリストに転じた。その後、政界に復帰して内相を務めたが、何度かあった首相就任の要請は断ってきた。今度は断り切れない事情があった。祖国フランスの危機だ。

フランスは当時、モロッコで住民の抵抗に悩まされていた。07年3月にはフランス人医師が地元住民に殺害され、フランス軍がアルジェリアからモロッコに侵入して東部を軍事支配した。これに対してモロッコ側のリーダー、ムライ・カフィッズはフランスに対して「聖戦」を宣言。クレマンソーは制圧のためにフランス軍を何度か増強した。

「聖戦」はやがてムライ・カフィッズが対仏妥協に出て、収まるが、11年1月に再燃した。第二次モロッコ事件だ。フランスは4月、当時の首都フェズに軍隊を派遣して軍事的に占領した。

モロッコをあきらめきれないドイツは好機到来とばかりに戦艦を派遣し、モロッコにおけるドイツの権益放棄の代償として仏領コンゴの割譲を要求した。フランスは最後に妥協

249

Chapitre 4　共和制の確立

してコンゴの主要地域を放棄、モロッコは最終的にフランスの保護領となったが、ドイツとの関係は決定的に悪化した。

こうした中、ファリエールは13年2月、7年の任期を全うした。エリゼ宮での最後の日、後任者に内部を案内しながら、こう言った。「それほど悪くないポストですよ。昇進はありませんがね」

ポアンカレへの期待

1913年1月17日、第三共和制9代目大統領に選出されたレイモン・ポアンカレは第一次大戦後の首相時代の方が有名だ。大戦中に大統領だったことがしばしば忘れられているのは、英仏連合軍総司令官のフォシュ元帥や、休戦交渉やベルサイユ条約会議を通して戦後処理に当たった首相クレマンソーの活躍の方が際だったからだ。

しかし、ポアンカレの履歴も十分に立派だ。20歳で弁護士、27歳で議員、30歳で予算委員長、34歳で閣僚と常に人より一歩先んじていた。12年1月には、1度目の首相に任命された。「堅固な尊敬すべき政府に統一されたフランス」という印象を国外に与えるべきだと

考えていた議会は、秀才の誉れ高いポアンカレが最適だと判断した。いとこに天才数学者アンリ・ポアンカレがいるように、彼も鋭い知性の持ち主だが、融通が利かなかった。学生時代のあだ名は「ポワンポンテュ（鋭角点）」だ。

ブルジョア階級の出身だが、父親は共和主義者だった。ポアンカレ自身も非宗教でヴォルテールを座右の銘にしていた。感情がないように見えたのは、1人の女性に感情のすべてをささげてしまったからだといわれた。夫人は美しいイタリア女性だった。それで、ポアンカレとの結婚前に2度の結婚歴があり、最初は離婚で2度目は死別だった。ポアンカレの家族はこの結婚を大いに嘆き、周囲も大いに驚いた。

ポアンカレは大統領への意欲はなかったが、大統領出馬を受理したのは、この夫人を連れてエリゼ宮入りすることでカトリックで離婚を認めないブルジョア階級の伝統に一矢を報いたいとの思いがあったから、との指摘もある。ポアンカレはしかし、エリゼ宮に一歩、足を踏み入れるや、「なんて陰気な家だろう……まるで牢獄だ……ドストエフスキーの死者の家のようだ」と述べた。最初の夜に眠れなかった理由を友人に次のように説明したと、回想録に記している。

「目を閉じることができなかった。ただ一つの考えが私を支配していた。今後、私にのし

かかる恐るべき責任と、一方で憲法が（大統領職に）規定している無責任の原則だ。7年間、沈黙と非行動が課せられるのだ」。第一夜から第三共和制の大統領に運命付けられている矛盾に、大いに悩まされていたわけだ。

ポアンカレ就任の前年から、バルカン半島での戦雲は欧州大陸にも迫る勢いを見せていた。ロレーヌ出身の愛国者ポアンカレは首相時代から「フランスを他国に対して無防備のままにしておくわけにはいかない」と提言。大統領就任も、普仏戦争でドイツに割譲されたロレーヌ、アルザス地方の奪還に燃えていた国民の熱い期待を一身に集めた結果だった。後に「ポアンカレ・ラ・ゲール（戦争）」と好戦家扱いされ、紛争回避の措置を何ら取らなかったと非難されたが、当時、ポアンカレを良しとしたのはむしろ、フランス国民の方だった。就任1年後の14年1月1日、ポアンカレはエリゼ宮で初めて各国大使たちから新年のあいさつを受けたが、英国大使は戦争への危惧をあらわに表明した。「去り行く旧年は平和が確立されたが、これから始まる新しい年は、あらゆることについて、われわれにさまざまな困難を予想させる」

国内でも、誰もが対独戦争の足音が迫ってきたことを感じていた。

私生活は問わず

大統領に就任したポアンカレは1914年5月の総選挙を前に、ジョセフ・カイヨー財務相（元首相）の妻アンリエットによるフィガロ新聞社社長暗殺事件にも悩まされていた。カイヨーは3年兵役制度に反対する一方で所得税の導入を主張し、これが選挙の争点になっていた。ブルジョア階級を読者層とするフィガロ紙はカイヨーの政策に反対し、激しいネガティブ・キャンペーンを展開。14年3月ついに、カイヨーが前夫人と結婚中の01年に前夫人に送った手紙を暴露した。手紙の中ではカイヨーが所得税反対と書いてあることを指摘し、カイヨーが選挙民や世論にウソをついていると非難した。

夫人は暗殺の動機について、カイヨーとは前夫人と結婚中から愛人関係だったことを、同紙が暴露することを恐れていたと告白した。カイヨーは辞任したが、5月の選挙では大勝した。また夫人も、裁判で無罪判決を勝ち取った。この日の夫人は黒の長手袋に黒い羽飾りのある黒い帽子、ハンドバッグも黒という黒ずくめで、いつにもましてエレガントで美しかったという。

私生活は問わず、が鉄則のフランスでは男女関係は特に大目にみられているが、この時

Chapitre 4　共和制の確立

も、司法と国民は美しい夫人に理があるとしたわけだ。

エリゼ宮には年頭から各国元首が相次いで訪れ、バルカン問題について協議した。英国王ジョージ5世の訪仏は、パリ市民から「英仏協商万歳！」と熱烈歓迎を受けた。国民にとって1904年締結の英仏協定は、戦雲が高まる中で頼みの綱だったことがうかがえる。協商は同盟ではないので、フランスがドイツと開戦しても、英国がフランスを支援する保証はなかったが、結局、第一次、第二次大戦での同盟の基盤となった。2004年の協定百周年には英女王エリザベス2世とフィリップ殿下がパリを訪問し、シラク大統領夫妻とともに盛大な式典を祝ったのも、こうした経緯があるからだ。

ところで、20世紀初頭のヨーロッパではほとんどの国が君主制で、王族同士の血縁関係も極めて深かった。中でもオーストリア皇帝フランツ・ヨーゼフ1世と英国のヴィクトリア女王が頂点に立ち、さまざまな形で縁戚関係にある人物がヨーロッパ中で君臨していた。第一次大戦後のベルサイユ会議でドイツ代表を務めた実業家兼政治家のウォルター・ラーテナウは、こうした状況を次のように要約した。「ヨーロッパの君主を1人知っていれば、全員知っていることになる。彼らは絶えず書簡や希望、贈り物、訪問を繰り返し、超所有者として巨大なヨーロッパ一家を形成している」と。

共和制度はスイスやフランスぐらいだったので、ヨーロッパ列強の中でフランスは極め

254

て例外的な存在だった。幸いにも大統領もいればエリゼ宮もあったので、外国の王族の国家元首の相手はエリゼ宮を中心に、一種の"宮廷外交"が展開された。

ポアンカレは14年5月の選挙後、3年兵役制に好意的なルネ・ヴィヴィアニを首相に任命し、7月16日に新首相を伴って三国協商強化のためにロシア訪問に旅立った。

サラエボの銃声

1914年6月28日、サラエボで響いた一発の銃声が世界を変えた。オーストリア皇太子フェルディナンド夫妻がセルビア人に暗殺されたのだ。7月にポアンカレがロシアに出発したころは、誰もこの事件が、まさか火薬庫に投げ込まれた起爆剤の役を果たし、その後4年間も続く世界大戦の口火になるとは考えていなかった。

しかし7月23日、オーストリアはセルビアに最後通牒を突きつけた。ロシアからの帰路、このニュースを知ったポアンカレは日程を繰り上げて7月29日朝、パリの北駅に到着した。そこにはすでに、「大統領、帰国」の報を聞いて駆けつけた群衆が待ち構えていた。大統領一行が列車から降りて車に乗り込むと、駅前の群衆の中からフランス国歌「ラ・マルセイ

エーズ」の高唱が沸き上がり、無数の帽子が高く、宙に舞い上がった。好戦気分とドイツへの反感群衆はそのまま、車がエリゼ宮に到着するまで後を追った。ポアンカレはこの日の日記に、「平静でいることが、感情的はこの時、頂点に達していた。ポアンカレはこの日の日記に、「平静でいることが、感情的にも物理的にもこれほど無理だと感じたことは、かつて一度もなかった」と書いた。

同日午後、ポアンカレはエリゼ宮で閣議を開いた。翌30日の午前3時、ロシアから電報が届いた。ロシアはセルビアの同盟国だ。そしてそのロシアはフランスの同盟国である。戦火はそこまで迫っていた。

翌31日、エリゼ宮では朝から3回の閣議が開かれ、総動員令の発動と国境から10キロの距離に仏軍を後退させることを決定した。同日、ポアンカレは英国王に書簡を送った。「ドイツが、(われわれが先に結んだ)英仏協商の戦場での効力を確信したとしても、平和がかき乱されるチャンスは大きいはずです」と述べ、ドイツが実質的な英仏同盟条約である英仏協商を恐れずに開戦する可能性を示唆。英国に協力を要請した。

ところが、ジョージ5世は協力を拒否した。これによってドイツの開戦は確実になった。フランスは8月1日、総動員令を発動した。ドイツもロシアに宣戦布告し、仏独は結局、3日に開戦した。エリゼ宮の窓ガラスという窓ガラスは爆撃による粉砕を避けるために紙

が菱形模様に張られた。ポアンカレは日記に「エリゼ宮はこの白い金網張りで、余計に監獄に似てきた」と記した。

20世紀は第一次大戦とともに始まったと定義するフランスの歴史家や学者は多い。「20世紀は1914年から89年までだ。つまりサラエボの銃声からベルリンの壁崩壊まで」（フランス国際関係研究所副所長のドミニク・モイジ）、「第一次大戦はベルエポックに代表される幸福のイメージなどすべてを破壊した点で20世紀の始まりといえる」（歴史学者のミシェル・ヴィノック）などの指摘がある。この「幸福の破壊」の感覚を早くから敏感に感じ取ったのは文学者や芸術家かもしれない。

世紀の終焉(しゅうえん)の足音と共に1890年代にはあらゆる形の進歩を非難し、理性、科学などの価値観を否定し、社会的混乱を告発する動きが見られた。それらの文学や芸術はまとめて「世紀末」と表現された。しかし第一次大戦は、世紀末の出口にしてはあまりにも強烈で過酷すぎた。第一次大戦でフランスの被害は戦死者約150万人、負傷者約170万人、戦争中に生まれるべくして生まれなかった新生児は約150万とされる。

歴史的建造物に

ポアンカレは開戦直後の1914年8月に内閣改造を発表した。フランス人は党派を超えて、いかなる政党、イデオロギーに属していようが三色旗と国歌「ラ・マルセイエーズ」の下に結集する。この時、入閣するべくして入閣しなかった実力政治家は、夫人が殺人罪の容疑者になったカイヨー、暗殺された穏健社会主義者のジョレス、そしてポアンカレの生涯の政敵クレマンソーの3人だった。

9月2日、ポアンカレはエリゼ宮を後にして政府の移転先のボルドーに引っ越す。大統領一家がエリゼ宮に戻るのは「マルヌの勝利」のずっと後、12月9日だ。同11日にはエリゼ宮で閣議が再開されたが、戦争は膠着状態からなかなか抜け出せなかった。

戦争3年目の1916年10月28日、エリゼ宮は「歴史的建造物」に指定された。非常事態下でも、歴史学者らがこういう問題で会合を開き、文献を調べたりするところが、いかにもフランス的だ。あるいは歴史的建造物に指定しておけば空襲などの被害を受けた時、修理費用の管轄官庁が明瞭になるというフランス的現実主義によるのかもしれない。

この名誉ある決定とは裏腹に、エリゼ宮は戦時体制特有の陰気な空気に包まれていた。

レセプションは開かれず、シャンデリアの照明は落とされた。そんな中で閣議だけが活発に続けられ、内閣が次々と変わった。

17年11月13日、ついにクレマンソーが再登場した。ポアンカレはこの日、日記に政敵の首相就任をこう書き記した。「虎がやってくる。彼は肥満していた。難聴度も増えている。知性はまったく無傷だが、健康は？ 意思は？ このどちらかが損なわれていることを恐れ、次第に冒険を犯したのではないかとの危機感にとらえられる。しかし、この手に負えない男は愛国の意見を持ち、もし私が彼を（首相に）任命せずに他の組閣を行っていたら、彼の伝説的な力がその内閣を弱体化させることになろう」

クレマンソーはこの時、76歳。ポアンカレが予想したとおり愛国の情に燃え、閣議をリードした。ポアンカレとクレマンソーに共通点があるとすれば、燃えるような愛国心というこの一点だ。この年の暮れ、ドイツは長距離砲でパリ市を爆撃しはじめた。エリゼ宮が標的の1つであることは明らかだったので、隣家の英国大使館の住人はしきりに「狙いが外れないように」と祈ったとか。

18年11月11日の朝、クレマンソーの側近のマルダック将軍がエリゼ宮のポアンカレの寝室にやってきて、報告した。「今朝5時、休戦条約が署名されました」。彼の後に続いてクレマンソーもやってきた。そして午後、ポアンカレは戦勝閣議を開いた。しかし国民議会

苦い戦後処理

1918年12月14日、ウィルソン米大統領がエリゼ宮にやってきた。米国大統領がエリゼ宮を訪問したのはこの時が初めてだ。戦時中、米国の若き海軍省事務次官フランクリン・ルーズベルトもエリゼ宮を訪問していたが、ポアンカレは戦時中とあって、ほとんどの訪問客を断っていたが、この時は同盟国の重要人物として丁重に迎えた。

で戦勝の朗報を報告したのは大統領のポアンカレではなく、首相のクレマンソーだった。国民議会はクレマンソーとフォシュ将軍に対し、「国家に対する貢献度大である」との採決を行ったが、ポアンカレは無視された。勝利を知って国民議会前に押し寄せた群衆はそのままエリゼ宮にまでやってきたが、こう叫んだ。

「フォシュ、万歳！」「クレマンソー、万歳！」。連合軍司令官と首相の名は叫んだが、大統領の名を口にする者はいなかった。

しかしエリゼ宮には同盟国の国家元首たちが次々にやってきて勝利を祝したので、ポアンカレは多少、慰められたはずだ。

フランス側は第一次大戦と第二次大戦の同盟国米国に大いに敬意を表し、アルマ橋からトロカデロ広場までのパリで最も美しい大通りをプレジデント・ウィルソン通り、シャンゼリゼ大通りと垂直の大通りをフランクリン・D・ルーズベルト通りと命名し、ルーズベルトの方は地下鉄の駅名にもなっている。フランス人にしてみれば、ルーズベルトがなぜ、フランスを嫌い、ドゴールを嫌悪したのか、なぜ米英ソのヤルタ会談にドゴールを排除したのか、理解に苦しむところだ。

かくてエリゼ宮はかつての華やかさを取り戻したが、ベルサイユ宮殿では過酷な会議が続いていた。第三共和制の憲法では「大統領は交渉し、批准し……」となっているが、実際に交渉に当たったのはクレマンソーだった。

第一次大戦の講和条約ベルサイユ条約は一般に敗戦国ドイツに対して過酷だったのでドイツが復讐心を募らせ、第二次大戦の遠因になったとの解釈がある。しかし戦勝国フランス側にとっても、「あらゆるエネルギーと希望をつぎ込んだのに、希望したものは得られないという実りの薄い苦い結果をもたらした悲劇的条約」(哲学者のアンドレ・グリュックスマン)ということになる。

クレマンソーは当初、フォシュとともに普仏戦争以前のフランスの領地、ロレーヌ地方の領有だけではなく、ザール地方の領有やライン河をフランスの安全保障の線とするよう

261

Chapitre 4　共和制の確立

に要求した。しかし米英は、ドイツへの圧迫がロシア革命を成功させたボルシェビキの台頭を助長させるとし、反対した。

クレマンソーは結局、こうした米英の意向を無視するわけにはいかず、米英の対仏保障を条件に、ライン川左岸のドイツからの分離という要求を取り下げ、ラインランド（ライン川地方）の非武装化とライン川要地の15年占領、ザール炭田のフランス所有と採掘権承認を獲得したが、これはフォシュには妥協の産物と写った。

第三共和制時代、閣議では議事録は取らないことになっていたが、ポアンカレはこの時に限って、フォシュ元帥の参謀長ヴェーガン将軍に議事録を取ることを特別に許可した。クレマンソーの主張によってこの戦争処理が決定したことを後世に知らせたいと考えたからだ。連合軍賠償委員会は21年に総額1320億金フランの賠償金を決め、フランスがうち58％を受け取ることになった。しかし、連合軍は同年暮れに、ドイツの支払い延期を早々に決めた。賠償金の支払いは困難とし、フランスは戦争中の国債を抱えて財政危機に陥った。

一方、ポアンカレは戦時中、何度か悔し涙にむせんだが、戦争終結直後、クレマンソーとフォシュを連れてアルザス・ロレーヌを訪問し、群衆の歓呼の声の中で、ペタン元帥に元帥のしるしの杖（つえ）を渡した。この日、日記に、「これで私は死ねる」と書いた。遅ればせな

262

がら、20年1月、国民議会の採決で「国家に対する貢献度大である」と認められたことを多とした。

狂気の時代

「西洋文明も滅びることがある」とフランスの詩人ポール・ヴァレリーは言った。フランスで第一次大戦が今でも「大戦争」と呼ばれるのは初の本格的国民総動員に加え、戦死者が約150万と膨大だったからだ。父が兄が叔父がいとこが、一家の誰かが戦死し、悲しみも深かった。跡取りが戦死し、家系が絶えた貴族も多い。プルーストの「失われた時を求めて」にもそんな貴族が登場する。

しかもフランの暴落で1914年に1ドル＝5・45フランだったのが26年に50フランに下落。ブルジョアは家代々に伝わる財産では暮らしていけなくなった。フラン暴落は第一次大戦の同盟国アメリカや英国に有利となり、大量のアングロサクソンがパリにやってきた。ヘミングウェーや「失われた世代」のアメリカ人もこの一群にいた。

高いドルやポンドを持ってパリにやってきた彼らの存在もヨーロッパの19世紀的残滓(ざんし)を

263

Chapitre 4　共和制の確立

葬り去るのに一役買った。パリっ子たちは彼らとともに浮かれながら、あらゆるツケはそのうちに敗戦国ドイツが支払ってくれると信じていた。フランス文化の栄光の頂点でもある20〜30年代の「レ・ザネ・フォル（狂気の時代）」は、こうした時代の喪失感と悲しみと狂騒の中から生まれた。シャネルの香水「5番」が誕生したのは21年だ。アルデヒドなど初めて化学合成品が調合された香りは、薬瓶のようなモダンな容器とあいまって新時代20世紀を象徴していた。

「勝利の父」クレマンソーは自他共にレイモン・ポアンカレの後任になると思われたが、結局、大統領に選出されなかった。毒舌に悩まされてきた政治家が長年の恨みを晴らそうと、反クレマンソーで結束したからだ。

また「野心よりも誇りの方が強い」と評されたクレマンソーは、みんなにかつぎ出される形を取りたかったので自ら出馬表明せずに推薦を待ったが、誰も推薦しなかったため立候補宣言が遅れた。政教分離に不満なバチカンとフランスの保守派も、カトリックに理解のある人物を探したのだ。

結果として20年2月、下院議長のポール・デシャネルがポアンカレの後任になった。第三共和制史上、最多の得票数での大統領選出だったが、就任後に奇行が目立ちはじめた。エリゼ宮は「大統領は激しい流感で臥せっている」という発表を繰り返すようになり、結

局は同年9月に突然、辞任した。

エリゼ宮の住人はこの時代から第二次大戦勃発までの約20年間にポール・デシャネルを含めて5人——その他はアレクサンドル・ミルラン、ガストン・ドゥメルグ、ポール・ドゥメール、アルベール・ルブラン——を数えた。

ところで、ポール・デシャネルは就任演説で「諸君は私をフランス人全員の大統領として選んだ。私は今後もそうでありたい」と述べた。この「フランス人全員の大統領」という表現は後に、ミッテランやシラク、さらにサルコジに伝承され、「共和国大統領の地位は党派を超えた存在である」という意味で使用されるようになった。

サルコジの「開放」政策も、この一貫だ。社会党のクシュネルらを入閣させたときは総選挙を1カ月後に控えていたこともあり、左派陣営からは左派票獲得が目的とか人気取り政策、左派の批判交わしとか批判されたが。

ドゴールは時代に即したアルジェリア独立や社会保障制度の導入など、いわゆる左派の政策を取り入れて実施した。サルコジが本気でドゴール主義を標榜するなら、ドゴール同様に時代に即した思い切った政策を実施するかもしれない。

また、「大統領は激しい流感で臥せっている」という表現は、第五共和制第2代大統領ポンピドーが白血病に侵されたときも使用された。真ん丸に膨れ上がった顔は、抗がん剤コ

Chapitre 4　共和制の確立

ルチゾンによるムーン・フェースであることは周知の事実だった。ポンピドーは明晰な頭脳を保ったまま死の数日前まで閣議を主宰した。

浮かれ

　1920年9月にエリゼ宮入りしたのは、アレキサンドル・ミルランだ。ミルランは第一次大戦当時、戦争大臣を務めただけあって外見も強靱なら精神もタフで、「大アレキサンドル」と呼ばれた。エリゼ宮では病身の前大統領の陰鬱な雰囲気と第一次大戦の辛い思い出を吹き消すように華やかなレセプションが開始された。

　21年7月にエリゼ宮で開かれたレセプションの招待名簿にはポーランド独立後初の国家元首、ユセフ・ピウスツキやエチオピアの皇帝になるハイレ・セラシエなどに交じって日本の皇太子裕仁の名もあった。

　エリゼ宮の正面玄関で国家元首以下、閣僚がそろって記念写真をとる習慣が生まれたのもミルラン時代である。ミルランは対独強硬外交に反対した首相のブリアンを更迭し、20年にポアンカレを後任として呼び戻した。大統領経験者が任期終了後、首相の座に座るの

はこれが初めてだった。ポアンカレは大統領時代に制限されていた力を首相になってから発揮し、ドイツの賠償金支払い不履行を理由にルール占領を行ったものの人気は下落。24年5月の総選挙で左翼連合のカルテル・ゴーシュが保守連合のブロック・ナショナルを破って勝ったため、辞任した。

ミルランも任期3年を残して大統領を辞任したが、ポアンカレの方はまたもや、後任大統領のガストン・ドゥメルグに呼び戻され、首相としてドイツの侵入を防ぐ長大な国境沿いの要塞マジノ線の建設にゴーサインを出したが、29年7月に病気で辞任した。

強硬派のポアンカレに対してブリアンは「平和の使徒」と呼ばれた。25年には仏独国境の現状維持を含む欧州安全保障を定めたロカルノ条約を結び、26年、ドイツのシュトレーゼマンとともにノーベル平和賞を受賞した。しかし、あらゆる条約の歴史を見てきたヨーロッパでは、誰も条約の永劫性を信じていなかった。むしろ条約は破るために結ぶという認識の方が強かった。ブリアンがクレマンソーやポワンカレに比べて、影が薄いのも、こうした認識が背景にあるからだ。

しかも1929年秋にアメリカで始まった大恐慌の波は31年の英ポンドの切り下げ、33年のドルの平価切り下げとなってヨーロッパ大陸に重くのしかかり始めていた。ただ、フランスはまだポアンカレ金貨の魔力を信じており、多額の出費を要したマジノ線の工事に

踏み切った。しかし、難攻不落と信じられたマジノ線は第二次大戦では結局何の役にも立たず、時代の遺物と化した。

暗殺、再び

パリ16区の高級住宅地の中でも豪華なアパートが多いのがポール・ドゥメール大通りだ。第五共和制3人目の大統領で貴族の称号もあるジスカールデスタンは14歳だった1940年6月18日、ここのアパートで両親とともにロンドンからBBCが放送したドゴール将軍のレジスタンスの「呼びかけ」を聴いたという。

ドゥメールは31年6月13日に就任した第三共和制13代目の大統領の名だ。就任した日、「この数字では暗殺されること必定ですな」と冗談をいった。不吉な数字の13が重なったからだが、このとき誰も、冗談が正夢になるとは思わなかった。

トロカデロ広場からパシー通りを貫く約1キロの大通りは現在、富裕のシンボル的な住宅地となっているが、ドゥメールは歴代大統領の中でただ1人、正真正銘の労働者の息子だ。ドゥメールほどフランス共和国の良い面を具現している人物はいないのではないか。

父親は鉄道の敷設員だったが、早くに死亡。未亡人となった母親はお手伝いをして息子を育てた。ドゥメールは昼間はメダル工場の見習いとして働き、夜学に通ってバカロレア（大学入学資格試験）に合格。学位を取得して数学の教授になった。次にジャーナリストを経て議員となり、官房長、大臣と出世し、大統領に就任したのは74歳の時だ。

アルコールもたばこもたしなまず、税の公平の原則を尊重し、熱心な所得税論者だった。第一次大戦で4人の息子を亡くしたせいか、いつも表情は悲しげだった。しかし、誰かがお悔やみを述べると、「その死が有用なら、死はなんでもない」と答えるのが常だった。4人の息子のうち2人が重傷を負った時、兵役免除の対象にするよう勧められたが、「私の息子たちは祖国を愛し、危険を愛しています。私には彼らを免除する権利がありません」と述べた。

毎朝5時に起床して執務に励み、バカンスも取らなかった。重要な任務についている時は「病気になる権利がない」と言って、病気もしなかった。そして毎日、大統領あてに到着する大量の手紙にきちょうめんな筆跡で自分で返事を書いて署名をした。書類も秘書に渡さずに自分でエリゼ宮の長い廊下を歩いて運んだ。代々のエリゼ宮の住人が伝統的に行った改修工事も、「今は無駄遣いをする時ではない」と言って、拒否した。

担当の新聞記者が気晴らしに大統領をカジノ・ド・パリに連れ出すことに成功したが、

秀才大統領の欠陥

1932年、14代目の大統領にアルベール・ルブランが選出された。秀才校のポリテクニックを1番で卒業し、卒業生のうち上位数人が入学できる鉱業学校（エコール・ド・ミ

上半身ヌードの踊り子を見た大統領は途中で抜け出した。しかしエリゼ宮での豪勢なレセプションは従来通り、きちんと行った。エリゼ宮の83歳の庭師にはレジオン・ドヌール章を授与した。32年3月に家族手当法案に署名したのもドゥメールだ。同年5月初め、昼食に招待した首相のタルデューが、ある高名な学者にレジオン・ドヌールを与えてほしいというと「もちろんです。貴方(あなた)がコーヒーを飲んでいる間に推薦の手紙を書きましょう」と言った。首相が「とんでもない、大統領閣下。誰が1時間後のことがわかりましょう」と言うと、「でも明日、私は死ぬかもしれません。今でなくても結構です」と答えた。数日後の5月6日、ある戦争作家の作品の競売のオープニング式典に出席の途上、ロシア人の精神障害者に狙撃されて死んだ。共和国大統領として、1894年のカルノに続く非業の最後だった。就任からわずか11カ月後だった。

ン）にも1番で入学した。日産およびルノーの社長カルロス・ゴーンもポリテクニックからエコール・ド・ミンに進学した秀才組だ。

父親はロレーヌ地方の農民で、息子にも農業を継がせるつもりだったが、伯母が甥（おい）の記憶力の良さに注目して、進学させることを強く勧めた。ルブランは家族の期待には応えたが、かならずしも国家の期待に応えたとは言い難い。ある種の秀才にありがちな細部へのこだわりすぎから、大所、高所からの見解に欠けていたからだ。

ただ、個人的権力への志向がなかったのが長所だった。こうした特徴は強力なリーダーシップを期待されていない第三共和制の大統領としては理想的な性向といえたが、第二次大戦を前にしたフランスにとっては災難だった。

ルブランがエリゼ宮に残した遺産としてわずかにあげられるのは、第二次大戦の戦火の迫った1937年、地下に防空壕（ごう）と集中暖房の装置を設置したことだ。もっともこのころには大半の家庭では同様の措置を行っていた。

ドゴールは後に、ルブランについて「国家元首として彼には2つの認識が欠けていた。彼が元首であることと国家があるということだ」と手厳しい批評を下した。第二次大戦が終了し、ルブランはヴィシー政権で戦時中に中断された自分の任期がまだ、残っていると主張して、ドゴールに手紙を書いたが、ドゴールはこの手紙を無視した。

ルブランは近眼だったが、人前ではメガネをかけなかった。このため常に目が赤く、泣いているような印象を与えた。確かに、ルブランの就任後、フランスは泣きたいような事件が相次ぎ、そのまま、第二次大戦へと突入した。

まず1934年2月6日に暴動事件が発生した。国民議会（下院）を取り巻く右翼団体や在郷軍人、それに一般市民も加わった群衆の怒号は、コンコルド広場を超えてエリゼ宮まで響いた。彼らの怒りは、前年暮れの「スタヴィスキー疑獄事件」で判明した汚職議員や高官、そして彼らを生んだ政府に向けられていた。

大恐慌対策として政府がとったデフレ政策で官民の給料は引き下げられ、生活条件が悪化していた。そこに発生したのが、国際的詐欺師のセルジュ・アレクサンドル＝スタヴィスキーによる詐欺事件だった。下院議員や高官の連座が判明し、国民の不満は頂点に達した。スタヴィスキーは34年1月にシャモニーで死体で発見されたが、自殺か他殺かは今もって不明だ。

コンコルド広場に結集した群衆は6日夕には数万に膨れ上がり、収拾がつかなくなった。なだれのように下院に押し寄せた群衆に警官隊が発砲し、死者は16人、重傷者は200人に達した。逮捕者は約1200人に上った。9日には6人が死亡し数百人が負傷。

この騒乱事件がきっかけで35年6月末には社会、共産、急進社会党による左翼連合、人

民戦線が結成された。36年1月には共同綱領が発表され、4、5月の総選挙で大勝した末に6月、レオン・ブルムの人民戦線政府が誕生した。

迫るドイツの軍靴

人民戦線内閣は団体協約法や週40時間労働や名高い有給休暇制を実現させた。この間、ルブランは相変わらず、エリゼ宮の住人としてとどまり、相変わらず泣いたような赤い目をしていた。

確かにルブランの涙は乾く暇がなかった。国外では34年8月に、8月にはドイツの大統領だったヒンデンブルクが死去してヒトラーが総統に就任した。ソヴィエトでは粛清が始まった。35年1月には住民投票によってザール地方のドイツ復帰が決まり、同3月にはドイツがベルサイユ条約を破棄した。

一方、人民戦線に反対する銀行家や実業家は、巨額の金フランを国外に逃避させた。4月の総選挙から6月のブルム政府誕生までの間に115億フランが海外に持ち出された。1981年にミッテラン社会党政権が誕生したときも一時的に同様の現象が発生。フラン

273

Chapitre 4　共和制の確立

ス人の「ハートは左、財布は右」という性癖が立証された。それにしても、このフランス人の反国家的ともいえる態度は不可解だ。激しい愛国心とどう関連付けたらよいのだろう。

人民戦線当時はフランの国外流出を阻止するために切り下げが行われたが、これによって実質的に賃金が引き下げられた国民は不満を高めた。人民戦線政府は結局、財政政策が労働者の支持を得られないまま、38年には崩壊した。

一方、海外では36年7月にスペインで内乱が発生し、11月には日独防共協定が締結。37年にはこれにイタリアが加わった協定が結ばれたが、フランスにとっては防共というより、事実上の日独伊の三国同盟条約に写った。歴史は38年3月のドイツによるオーストリア併合、9月のチェコスロバキアのズデーデン地方割譲を決めたミュンヘン会議と進むわけだが、ルブランは39年4月5日に再選された。

友人の中には、立候補に反対し、「戦時の大統領になりますよ」と忠告する者もいたが、ルブランは「だからこそ（立候補の要請を）受け入れるのだ」と述べた。実際、この数カ月後の9月1日にドイツ軍がポーランドに侵攻、英仏が対独宣戦布告して第二次世界大戦が勃発。40年5月にはドイツ軍がベルギー、オランダ、ルクセンブルクに侵入。ロンドンにはベルギーとオランダの、カナダにはルクセンブルクの亡命政府ができた。ロンドンでは、チャーチル率いる挙国一致内閣が誕生した。

第三共和制の光と影

5月25日、エリゼ宮ではスペイン大使から国務相に就任するフィリップ・ペタンが参加して閣議が開かれた。しかしこの、ヴェルダンの戦いを勝利に導き「第一次大戦の英雄」と国民から尊敬を一身に集めていたペタンは閣議の間中、ほとんど居眠りをしていた。

ペタンはフランス降伏後、対独協力政権、ヴィシー政府下で国家元首となる。ドゴールは第二次大戦後に出版した『大戦回顧録』に、「ペタンは1925年に死んだ」「老齢は難破だ」と書いて、ペタンを批判した。ペタンはサンシールの陸軍士官学校や戦争大学を卒業した優秀な兵士だったが、ドゴールのように歴史や文学、哲学などに関する深い知識がなかった。

歴史家のアンリ・ミシェルも、「ペタンはおのれの遂行すべき仕事についての十分な知識をもっていなかった」と述べ、フランスの国家元首として複雑な国情を抱える欧州の指導者に必要不可欠な教養に欠けていたと断罪した。

「良い生活とはフランスで、神のように暮らすことだ」――ドイツの詩人、ゲーテはフラ

ンスに対する憧憬をこう表現した。確かに19世紀末から20世紀初頭にかけてのフランスは普仏戦争の傷もどうやら癒え、"まぐれ"で生まれたといわれた第三共和制も生き延びていた。文化の爛熟期「ベルエポック」を迎え、外国人の羨望の的でもあった。

この時代にフランス文学界は、ポール・クローデル、ポール・ヴァレリー、マルセル・プルースト、アンドレ・ジッドの"4大作家"を生んだ。ランボオ、マラルメ、ベルレーヌの三人の象徴詩人、少し遅れてアポリネールもいる。フローベル、ゾラ、アナトール・フランス、アルフォンス・ドーデー、モーパッサンもいる。彼らの作品は日本をはじめ世界中で翻訳されている。

"失われた世代"のヘミングウェーやフィッツジェラルド、ガートルード・スタイン、エズラ・パウンドらアメリカ人作家もセーヌ川の左岸に陣取っていた。画家にはセザンヌ、ルノワール、ゴッホ、モネ、マネ、ドガ……そしてピカソにマチスがおり、彫刻家にはロダンがいる。こんなにも芸術がいっせいに開花した時代が、ほかにあっただろうか。日本人の「文化大国フランス」のイメージも、この時代を土台に形成されたはずだ。

それが、なぜ、1940年夏、あっけなく崩壊し、そして「わが国の歴史から抹殺すべきあの4年間」（第二次大戦の戦犯を裁いた粛清裁判のアンドレ・モルネ検事総長）とフランス人が今も、悔恨と苦悩にさいなまれることになるヴィシー政府の誕生、第二次大戦で

の事実上の敗戦を迎えることになったのか。
　パリ在住だった米人記者ウィリアム・シャイラーは日記にこう書いた。「私がここで見るものはフランス社会の完全な倒壊――陸軍、政府、人民の士気の崩壊だという感じがする。信じるには、あまりにも途方もない」と。パリ大学教授マルク・ブロックも、「われわれの長い国民生活の物語の中で、もっともすさまじい壊滅だった」と述べている。
　フランスが機械文明の世紀である20世紀への挑戦に乗り遅れたことも第三共和制の崩壊の要因の１つにあげられる。英国など欧州諸国が蒸気や石炭、鉄鋼の時代に入ってもフランスはまだ、木材や風車、水車に固執した。
　第三共和制の初期、フランスは英国に次ぐ工業国で貿易国だったが、第一次大戦が始まった1914年当時はドイツ、英国、米国に次いで４位。個人所得も米国の約半分で、フランスの全労働者の半分以上が100人以下の中小企業で働いていた。
　フランスは現在も、経済基盤が福祉重視の「社会モデル」であるように、困ったときには政府が面倒を見る「親方三色旗」的な面があり、半国営的企業も多い。精神基盤的には農業国で、職人芸を尊重し、投機や大量生産などを〝まやかし〟と見る傾向も残っている。
　ドゴールは、第三共和制政府の末端からさらに足を引っ張ったのが政治制度である。首相として短期間ながら指揮した第四共和制は短命に終わった。1958

年に採択され第五共和制憲法で大統領権限を拡大したとき、ドゴールには、両共和制から得た教訓があったに違いない。

ヴィシー政府

ドゴールが第三共和制最後の首相ポール・レノーの内閣に「国防相付き閣外相次官」といういえない肩書で入閣したのは1940年6月6日だ。軍人の階級は将軍だったが、それも創設されたばかりの第4装甲師団を指揮するために便宜的に与えられたもので将軍の階級としては最低の2つ星だ。政府のボルドー移転を決めたエリゼ宮で開かれた第三共和制最後の閣議にももちろん、出席しなかった。

大統領のルブランはロレーヌ地方の出身で休戦に反対したが、副首相のペタン元帥は休戦を支持した。大統領は憲法上は軍隊の長でもあるが、「第一次大戦の英雄」には勝てなかった。同14日、独軍がパリに入場。同日、政府はパリを後にボルドーに移転した。以後、エリゼ宮は1947年1月16日に第四共和制が成立し、初代大統領にヴァンサン・オリオルが就任するまで門を固く閉ざすことになる。

40年6月16日にペタンが国家元首に就任し、22日に仏独休戦条約が結ばれた。政府はボルドーからさらに移転した仏中部ヴィシーで7月10日に上下議員による合同会議を開き、ペタンに憲法の制定権を与える採決、すなわち、対独協力政権ヴィシー政府容認の是非を問う採決を行った。

上下議員932人のうちヴィシーにやってきたのは666人。うち649人が投票し、賛成569票、反対は80票だった。ヴィシー政庁の建物は現在、オペラ座として使われているが、入り口のプレートにはこの80人の反対議員の名前が記され、対独協力に反対した議員が少数だが存在したことを強調している。

第三共和制は、根をおろすまでの1879年までに12の内閣が誕生し第一次大戦までにさらに50の内閣が誕生した。第一次大戦後はさらに交代が速く、内閣の寿命は平均6カ月になった。ところが、登場人物はいつも同じ。ブリアンは首相を11回、外相を17回務めた。7つの内閣では外相と首相を兼任するなど、25の内閣に入閣している。

ところがパリ市内のブリアンの名を冠したアリスティード・ブリアン通りは国民議会近くのほんの200メートルの短い通りだ。第二次大戦前にノーベル平和賞を受賞した平和主義者、つまり無抵抗にナチスドイツの侵攻を許した政治家との認識が、フランス人にあるからだろうか。もっともブリアンの平和主義は第一次大戦後のフランス人の一般的気分

279

Chapitre 4　共和制の確立

を代表していた。「心身ともに疲れ果て、平和主義者になり、その結果、戦略もおのずと防衛が基本になった」（哲学者のアンドレ・グリュックスマン）からだ。フランスの代表的辞典「プチ・ラルース（パシフィスト）」という言葉は否定的に使われる。フランスの代表的辞典「プチ・ラルース」は、「パシフィズムはしばしば戦争と寛容、犯罪を増殖させる」というマルセル・プルーストの文章を文例として引用している。

平和主義者の一方には、反ユダヤ主義を唱えて共和制を倒そうとする極右もあった。シャルル・モーラス率いる極右組織「アクション・フランセーズ」の同名の機関紙はヴィシー政府の機関紙的役割を果たし、ナチスに積極的に協力した。「4つの外国種の汚毒者」として新教徒、ユダヤ人、フリーメイソン、移民をあげた。発行部数は5万だったが、読者層は貴族や大ブルジョア、高級官吏、弁護士、医師、作家、ジャーナリストら指導層が多く、次第に世論を構成した。モーラスは戦後、戦犯として終身刑になった。

共和国の行方

シャルル・ドゴールがフランス共和国大統領としてエリゼ宮入りしたのは1959年1

月8日だ。68歳だった。
「パリ！　侮辱されたパリ！　うち砕かれたパリ！
しかしいまや解放されたパリ！……」
1944年8月25日にパリに戻ったドゴールがパリ市庁舎でこの「パリ解放」の短い演説を行った時、パリ市民の大半はこの後、ドゴールがエリゼ宮に向かうと信じて疑わなかった。エリゼ宮の屋根にはこの日、三色旗が再び、翻った。隣家の屋根に上って対独協力の民兵が狙撃する中、エリゼ宮詰めの共和国衛兵がそれまで大事に保管していた三色旗の掲揚を門衛に命じた。
ヒトラーはパリを撤退するドイツ軍にパリに火を放つように命じたが、ドイツ軍司令官コルティッツはこの命令に従わずに同日、午後3時に降伏文書に署名した。こうして「パリ燃ゆ」の悲劇は回避された。ドゴールがパリに入城したのはその1時間後だった。
ドゴールは翌26日、凱旋門下にある無名戦士の墓を詣で、約二百万人の市民が歓喜と歓呼で埋め尽くしたシャンゼリゼ大通りを文字通り、凱旋行進した後、エリゼ宮には向かわずに、パリ七区にある国防省、当時は戦争省と呼ばれていた建物に向かい、ここに執務室を構えた。第三共和制最後の首班ポール・レイノーから戦争省の副閣外相に任命され、就任一週間後の六月十四日にロンドンに亡命してから、実に四年ぶりの帰還だ。

281

Chapitre 4　共和制の確立

ドゴールはエリゼ宮入りしなかった理由について、「私の座る場所も将来の制度も予断させないため」と記している。確かにこの時、ドゴールの肩書は「共和国大統領」ではなかった。大統領府であるエリゼ宮入りする正当性はないというわけだ。ドゴールは前年六月に自由フランス国民委員会（CFLN）を結成するが、十一月には米国の押すジローを排して議長に就任。九月に「共和国臨時政府（CFRF）」の首班に就任したが、大統領ではない。いかにも軍人らしい厳格さが伺えるが、フランス共和国への尊重やこだわりも強烈に感じられる。

エリゼ宮は1940年6月にルブランが大統領として主宰した閣議でパリ脱出を決めたのを最後に門を閉ざし、47年1月16日にヴァンサン・オリオルが第四共和制の大統領として正式にエリゼ宮入りするまでの約6年間、空き家だった。うち4年間が「わが国の歴史から抹殺すべき4年間」（粛清裁判における検事総長アンドレ・モルネ）とフランス人が今も後悔しているドイツ占領とヴィシー政府による対独協力時代だ。

ドゴールがパリ支庁舎で行った演説は単なる感動的な美辞麗句ではなく、極めて政治的意味を持っていた。パリ市民は、ドゴールがこの時、共和制の復帰を宣言すると考えていたのに対し、ドゴールは「共和制は続いている。ヴィシーはニュル（NUL　無効）」と言い放った。ヴィシー政府は存在しなかったというわけだ。この言葉の意味は実に重い。

ドゴールが「無効」と断言したのは、対独協力政府への憎悪といった感情的理由からではない。自由解放当時、フランスは共産主義の脅威にさらされると同時に、国内はレジスタンスと対独協力に二分され、内戦状態に陥る危険が十分にあったからだ。国内融和と復興を優先させる必要があった。いつまでも対独協力問題にかまけるわけにはいかなかった。第二次大戦で事実上、敗戦国だったフランスの戦後は混乱の極みから始まった。モーリス・トレーズ率いる共産党は90万の党員を誇り、最大労組の労働総同盟（CGT）を指揮していた。加えて欧州を救済した米国が世界の覇者となり、植民地を背景にしていた英仏などの帝国主義時代は終わりを告げていた。仏領では蜂起があい次いだ。この時点で、フランスは本土の八倍の植民地を有していた。ジスカールデスタン政権時代にヴィシー政府の高官だったモーリス・パポンが予算相を務めた背景には、こうした経緯があった。対独協力問題が改めて噴出したのは東西冷戦が終了してからだ。パポンも「人類に対する罪」で裁かれた。

この「ヴィシーは無効」の考え方は第五共和制の大統領に代々、受け継がれ、戦争中の1942年7月16日に起きた「ベンドローム・ディベール事件」（ナチ・ドイツ国家秘密警察）の責任逃れの理由にもなってきた。パリ市内の自転車競技場でドイツのゲシュポタ（ナチ・ドイツ国家秘密警察）ではなく、フランス当局が直接、パリ在住のユダヤ系住民1万3000人を一斉検挙をし

283

Chapitre 4　共和制の確立

た事件だ。ミッテラン大統領の代まで、フランス政府はユダヤ系住民への正式謝罪を拒否してきた。政府の責任を認めたのはシラクが一期目の大統領に就任した1995年の記念日だ。シラクの二期十二年に及ぶ任期の中で、この「フランス政府の責任」を認めた行為は最も高く評価されている。

ドゴールが「ヴィシーは無効」を宣言した、もう一つの理由は、「偉大な国」としてフランスを国際社会に復帰させることだった。それにはまず、米英を説得して戦勝国の仲間入りや国連常任理事国の座を獲得する必要があった。国内が混乱していては、この夢は果たせなかっただろう。

しかし、ドゴール自身、1944年の時点で、エリゼ宮入りするまで長い年月を要するとは考えていなかったはずだ。ドゴールは提案した大統領の権限を強めるという憲法草案が国民議会の新憲法制定委員会によって拒否されると、46年1月にGPRF議長を辞任して政界を引退してしまった。GPRF議長にはその後、人民戦線の首相だったブルムなどが返り咲いて後任となったが、ドゴールさえエリゼ宮入りしなかっただけに、誰も大統領府には足を向けなかった。

ドゴールの復帰はアルジェリア戦争の混乱を待たねばならなかった。1954年11月、弾圧への報復から生まれたアルジェリア民族解放戦線（FLN）によってアルジェリア全

土の仏軍兵舎への同時襲撃から始まった戦争は1958年の春には泥沼状態になっていた。第四共和制の二代目大統領のルネ・コティの執務机の上には毎日、国民からのドゴールを首相に任命するようにとの要望書が何千通となく到着しはじめた。コティがアルジェリア戦争を解決できる「フランス人の中で最も輝かしい人」ドゴールの復帰を決めたの同年5月だった。

同年九月にドゴールは新憲法草案を提出し、同月末には国民投票で可決。12月に新憲法による大統領選でドゴールは78・5％を獲得して晴れて大統領に就任した。ドゴールはコティとの交代式で、こう述べた。「パリが首都になってまもなく1000年、フランスはその名を名乗り、国家が機能している……」

列席した者は全員、この演説を聞いて、第五共和制が、第四共和制とは全く異なるスタイルの体制であることを直感した。

大統領に強大な権限を委譲している点が最大の特色である第五共和制の憲法は前年の58年9月4日に草案が発表され、同28日の国民投票で採択された。ドゴールはすでに1945年7月17日の演説で、こう述べている。「この1世紀半にフランスは13の憲法を持った。12年ごとに新憲法が制定されたわけだ。1875年から1940年の65年間に102の内閣を送り迎えした。この間に米国は14、英国は20の内閣を持つ

たにすぎない。このようなフランスの体制は現代の厳しい時代の条件に適応するとはいえない」
「大戦回顧録」でも、「議会制は民主主義の唯一の形式でもなければ、その純粋な形式でもない。私としては権力の分立と均衡の上に基礎をおく大統領制が最良のものと思われた」と述べている。
しかし、ドゴールの考えはすぐには受け入れられず、46年10月には第三共和制憲法と双子のような第四共和制憲法が公布された。
ドゴールの理想はアルジェリア戦争という国難の際にやっと第五共和制で実現されたが、目指したのはもちろん、独裁政治でもなければ権力そのものでもなかった。1969年4月28日に国民投票に敗れて大統領を辞任するまで、権力の象徴であるエリゼ宮には一度も愛着を感じたことがなかったといわれる。
エリゼ宮の執務室の壁には、風車と戦うドンキホーテの絵柄のタペストリーが前任者の時代から掛かっていたが、訪問者にはドゴール一流の皮肉に見えたかもしれない。
第五共和制憲法制定から約半世紀を経た今、そのドゴールが愛したフランスの将来や、ドゴールが制定した第五共和制憲法の行方には、さまざまな分野から立ち昇る霧が薄く、あるいは濃くかかり、視野が判然としない。

２００６年９月16、17日、23回目の「文化遺産の日」として全国の歴史的建造物が一般公開され、1万5000カ所に1200万人が訪問した。上院が置かれているリュクサンブール宮には約2万4000人、国民議会（下院）のブルボン宮には約2万人が訪れた。かつてトップ級の訪問者を誇ったエリゼ宮だが、訪問者数は1万1851人に留まった。エリゼ宮が今後も権力の中枢としての役割を維持するのか否かは、新しい住人、サルコジの手腕にかかっているともいえる。

おわりに

「エリゼ宮物語」の連載を終えたとき、実感したのは、100回では短すぎるということだった。エリゼ宮の代々の住人が揃いも揃って個性に富み、1人だけで十分に100回連載する価値があるからだ。事実、住人の全員が本の主人公になっている。ナポレオンに至っては、自身も4巻の大書をものしたフランスの歴史作家、マックス・ガロ氏によると、死んだ翌日から現在に至るまでに40万冊以上が出版されている。特に第五共和制は枚数の加減で削った。

エリゼ宮は第三共和制時代に正式に大統領府に制定され、現在のニコラ・サルコジ大統領が23人目の大統領になる。幸いにも産経新聞をはじめ周囲の支援と理解と協力で、エリゼ宮の住人のうち、フランソワ・ミッテラン元大統領、ジャック・シラク前大統領、そしてニコラ・サルコジ現大統領の3人をパリ特派員として取材する機会に恵まれた。

末期ガンに侵されたミッテラン氏が大統領として最後の記者たちとの賀状交換会をエリゼ宮最大の間「祝祭の間」で行ったのは1994年暮れだった。欧州主義者らしく「エスプリの力を信じる」「フランスの偉大さと欧州の建設を切り離すな」と述べたほか、社会主義者らしくなど、枯れた声で約2時間、話し続けた。最後の方は聞き取れなかったが、約500人近い内外の記者団は、大統領の「遺言」として、シーンと静まり返って聞き入った。それから約1年後に後継者のシラク前大統領が、そのミッテラン氏の死を告げたのは、96年1月8日の記者たちとの同じ広間で行われた賀状交換会の冒頭だった。「今朝、フランソワ・ミッテラン大統領が私たちに別

288

れを告げました。私は今朝、お別れに行ってきました。この会は1週間後に延期します」。その直後にフランス通信社（AFP）が至急報で前大統領の死去を報じた。

「改革」を掲げるサルコジ大統領は2007年5月16日の就任式にはマルタ島で過ごしたバカンスで真っ黒に日に焼けてエリゼ宮への第一歩の赤絨毯を踏んだ。

サルコジ大統領が1期5年でエリゼ宮に別れを告げるのか、あるいは2期10年を狙うのか。エリゼ宮は老朽建物にもかかわらず、住人が代わっても、今後もフランスの権力の中枢であり続けるだろう。そして、老大国フランスも、グローバル化時代の波の中を、欧州連合（EU）の主要加盟国や国連常任理事国、主要国首脳会議（G8）国などの地位を土台に乗り切っていきそうだ。

いつか、機会があったら、「エリゼ宮物語」の続編に挑戦してみたい、と思う。

連載に当たっては、歴史作家のジョルジュ・ポワソン氏をはじめ、エリゼ宮関係者はもとより、仏外務省、エリゼ宮担当のフランス人記者、知人、友人に貴重な話を直接、聞いた。オフレコが条件の場合もあったので、名前は記載しないが、改めて深くお礼を申し上げる。連載中にエリゼ宮前の画廊で展覧会を開催した父上の貴重な情報を寄せてくださった東京・渋谷の福中亨氏をはじめ、多数の読者から励ましをいただいたことを感謝する。また着想当時から励まして下さった友人の伊藤貴和子氏にも深く感謝する。連載のデスク業務に当たった鳥海美朗外信部長、坂本英彰デスク、扶桑社の担当編集者の時政美由紀氏にもお礼を申し上げる。

2007年　夏の終わりのパリで

山口昌子

参考文献

Le Palais de l'Elysée (George Poisson)
Les vingt-deux présidents République française (Philippe Valode)
Dictionnaire Historique des rues de Paris (Jacques Hillairet)
L'Elysée Histoire et Décors depuis 1720 (Jean Coural Cantal Gastinel-Coural)
L'Elysée hier et aujourd'hui (Claude Paserur)
Le Prédent de la République (Histoire Spécial)
Tableau de paris (Luois Sebastien Mercier)
Napoléon (Max Gallos)
Les grandes heures de la Révolution Française (G.Lenoire A. Cactelot)
La vie quotidienne à l'Elysée au temps de Charles de Gaulle
(Claude Dulong)
De Gaulle (Max Gallo)
C'était de Gaulle (Alain Peyrefitte)
De Gaulle pour mémoire (Odile Rudelle)
La contribution de la présidente de George Pompidou à la Ve République (Colloque National)
La vie quotidienne à l'Elysée au temps de Valery Giscard d'Estaing (Pierre Pellissier)
L'Elysée de Mitterrand, secrets de la maison du Prince (Michel Schires et Michel Sarazin)
Les sept Mitterrand (Catherine Nay)
Le dernier Mitterrand (George-Marc Benamou)
Une jeunesse française (Pierre Pean)
L'inconnu de l'Elysée (Pierre Pean)
La tragédie du Président (Franz-Olivier Giesbert)
Un Pouvoir nommé Désir (Catherine Nay)
Les Sarkozy (Pascale Nivelle Elise Karlin)
Les dames de l'Eysée (Bertrand Meyer)
Monsieur de Saint-Simon (George Poisson)
La Pompadour (Duc de Castries)
Madame de Pompadour (Evelyne Lever)
Mémorial de Ste Hélène (Le conte Las Cases)
Napoléon Keith Addey
Choses Vues 1830_1846 (Victor Hugo)
La Commune Découvertes Gallimard
La Commune (Photo Poche Histoire)
L'affaire Dreyfus (Présentation par Michel Winock)

参考文献

Saint-Simon Mémoire
La Duchesse de Berry (André Cactelot)
Mémoires sur les Cent-jours (Benjamin Constant)
Alfred de Vigny (Anatole France)
De l'ancien régime et la Révolution (Alexis de Tocqueville)
Napoléon le petit (Victor Hugo)
Le Palais de l'Elysée histoire et décor (lean Coural)
NapoléonⅢ (André Castelot)
Raymond Poincaré Au service de la France
Grandeurs et misères d'une victoire (Georges Clémenceau)

女優貞奴　山口玲子
ドレーフュス事件　ピエール・ミケル（渡辺一民 訳）
フランス２月革命の日々　アレクシス・ド・トクヴィル（喜安　朗 訳）
パリの歴史　マルセル・ラヴァル（小林善彦、山路昭 訳）
フランスの歴史をつくった女たち　ギー・ブルトン
ナポレオン言行録　オクターヴ・オブリ編（大塚幸男 訳）
ナポレオン・ミステリー　倉田保雄
パリ風俗史　アンドレ・ヴァルノ（北澤真木 訳）
パリ1750　A.ファルジュ、J.ルヴェル　三好信子 訳
第三共和制の崩壊　ウイリアム・シャイラー　井上 勇 訳
ヴィシー政権　アンリ・ミシェル　長谷川公昭 訳
対独協力の歴史　ジャン・ドフラーヌ　大久保敏彦・松本真一 訳
権力の喜劇　フランソワーズ・ジルー　山口昌子 訳
フランス人民戦線　ジョルジュ・ルフラン　高橋治男 訳
私はただあるがままに　ベルナデット・シラク　奥　光宏 訳
ドゴール「大戦回顧録」　村上光彦　山崎庸一郎 訳

本書は、2006年6月22日～10月2日までに、産経新聞の「エリゼ宮物語」として掲載されたものに、加筆・修正したものです。

[著者紹介]

山口昌子 —— やまぐち・しょうこ

産経新聞パリ支局長。慶應義塾大学文学部仏文科卒業。1969～70年、フランス政府の留学生として新聞中央研究所（CFJ）留学。1974年、同研究所の「欧州講座」に出席。産経新聞社では教養部、夕刊フジ、外信部次長、特集部編集委員を経て、1990年5月より現職。1994年度ボーン上田国際記者賞を受賞。2001年、フランス共和国から国家功労賞を受賞。著書に『大国フランスの不思議』（角川書店）、『シャネルの真実』（人文書院）、『フランスよ、どこへ行く』（産経新聞社）、共著に『20世紀特派員』（小社）など。訳書にフランソワーズ・ジルー著『マリー・キューリー』（新潮社）などがある。

エリゼ宮物語

発行日———2007年11月10日　初版第1刷発行

著　者———山口昌子
発行者———山本泰夫
発　行———株式会社 産経新聞出版
発　売———株式会社 扶桑社
　　　　　〒105-8070　東京都港区海岸1-15-1
　　　　　電話03-5403-8870（編集）
　　　　　　　03-5403-8859（販売）
　　　　　http://www.fusosha.co.jp/
印刷・製本——共同印刷株式会社

定価はカバーに表示してあります。
落丁・乱丁（本の頁の抜け落ちや順序の間違い）の場合は
扶桑社販売部宛にお送りください。
送料は小社負担にてお取り替えいたします。

©2007　SHOKO YAMAGUCHI
Printed in Japan
ISBN978-4-594-05510-3